職場で使える

ジェンダー・ハラスメント
対策ブック

アンコンシャス・バイアスに斬り込む戦略的研修プログラム

小林敦子

現代書館

プロローグ

　ジェンダー・ハラスメントという言葉をご存じでしょうか？　セクシュアル・ハラスメントは聞いたことがあるから、それに近い意味だろうと推測する方が多いのではないかと思います。このふたつの違いを簡単に説明すると、セクシュアル・ハラスメントは性的な欲求に起因するハラスメント、ジェンダー・ハラスメントは性役割に関するハラスメントということができます。もともとセクシュアル・ハラスメントはアメリカで確立した概念で、その中に、ジェンダー・ハラスメントは位置づけられてきました。

　著者は、このふたつを分けて理解していくことが、多様な性の在り方を含んだ、性にまつわるあらゆる差別的行為の防止への理解につながると考えました。それは今から 20 年くらい前のことで、ジェンダー・ハラスメント研究を始める出発点でした。研究ではまず、ジェンダー・ハラスメントをセクシュアル・ハラスメントから切り離し、再定義することから始めました。こういった職場のハラスメントの問題は、法学をはじめとする様々な学問領域で研究されていますが、著者は就業女性に対するジェンダー・ハラスメントの心理的な要因や影響、そして、それをどうしたら防止できるかといったことを中心に、心理学の応用領域として検討してきました。

　この研究を始めた頃は、ジェンダー・ハラスメントという言葉を書籍やインターネットで見ることはほとんどありませんでした。日本ではこういった内容を中心に研究している人もほとんどいなかったのですが、今では、ジェンダーの問題に関心のない人たちの間でも、少しずつこの言葉と意味の認知度が上がってきているように感じます。

本書は、ジェンダーにまつわる差別的行為を世の中から少しでもなくしていくために、組織のジェンダー・ハラスメントの実態を分析し、対策方法をまとめたものです。

　読者は主に、企業など組織の人事担当者や、日頃からジェンダーの問題に関心のある方を想定していますが、こういった問題にもともと関心のない方の手にも届くようにと、願いを込めて執筆しました。

　ジェンダー・ハラスメントを防止することが目的ですから、本書を手に取った方は、最初から「ジェンダー・ハラスメント防止のポイントだけ知りたい」「要点だけ教えてくれればいい」と思われるかもしれません。確かに、そういったマニュアル本、ハウツー本を書店やインターネットでたくさん見かけます。

　職場の中で性別により役割を固定するジェンダー・ハラスメントが、目指すべきジェンダー平等社会に反することを理解している人もいます。しかし、残念ながら日本の現状では、依然として性別と適性はセットで語られます。「リケジョ」や「男子ごはん」といった言葉がありますが、それは女性であれば理系は苦手、男性は料理に興味がないはずという先入観の裏返しであって、性別で一律に役割が決まっている社会を理想としている人が、まだまだ多いのです。そこで本書では、ジェンダー・ハラスメント防止のポイントを語る前に、そもそもジェンダーに基づく役割を他者に期待することがなぜよくないのか、というところから説明を始めることにしました。もともとこの問題に関心のある方には、知識の整理に役立てるとともに、自分の考えをどのようにして多くの人に伝えるかといったことを頭の隅におきながら、また、ジェンダーの問題に関心のない人には、その行為が社会の中でどういう意味を持つのかを考えることを出発点として、読み進めていただけたら幸いです。

　本書では職場のジェンダー・ハラスメントを防止するための方策として、従来行なわれてきたふたつの方式の研修と対比しながら、全く新しい発想による研修プログラムを紹介します。なるべく多くの方に理解していただけるように、堅苦しい専門用語は避け、具体的な事例も盛り込みながらお伝えし

ます。また、研修プログラムの紹介では、皆さんの職場で実施できるように、内容の説明と使用するワークシートも掲載しています。

研修では、ジェンダー・ハラスメントの行為を抑止するために、その原因となる、潜在的ステレオタイプ（アンコンシャス・バイアス）の低減に力点をおいた講義とワークショップを行なっています。ジェンダー・ハラスメントは差別的な意識や、無意識的・自動的な概念同士の結び付きが最初にあって、それが外から見える形の言動となって現れたものです。顕在化された言動を抑止するために、その根底にある原因、ここでは潜在的ステレオタイプに着目してみました。

潜在的ステレオタイプ、アンコンシャス・バイアスは、人間が意識下に持っている固定観念や偏見といった、先入観にとらわれたものの見方です。例えば「リーダー」といえば「男性」を、「受付係」といえば「女性」というように、ある特性や役割とあるカテゴリーに属する人を無意識的に紐づけており、それに気付いていない状態を示します。私たちは無意識的で自動的な思考にしたがって、日常的に多くの判断を行なっています。ときにそれは無自覚なままに見たくないものを無視し、こうであってほしいという願いの方を選択的に知覚します。その結果、誰かに対する差別的な行為やハラスメントにつながってしまうことがあるのです。

例えば、米国のオーケストラでは団員の選考試験で、受験者の性別が分からないブラインド・オーディション（カーテン越しの試験）を採用したところ、それまでは少なかった女性の合格者が著しく増えるようになりました。これはつまり、それ以前の試験では、審査員は女性の音楽の出来栄えを本来の実力よりも不当に低く採点していたのに、それに気付いていなかったということです。審査員は、自身の評価は公平であると信じていて、差別の意図は全くなかった、偏見があることに気付いていなかったというわけです。同様のことが私たちの身近な職場でも起こっていると考えられます。つまり、公平に判断しているつもりでも、女性を実際の職能より低く評価していることが

あるのです。そしてそれが何年も積み重ねられた結果、男女で職場のポジションに著しく差が生じたということはないでしょうか。職場の男女格差の原因を性別に基づく特性や職能に差があったからだと結論づける人もいますが、そういった考えは、「社会で起こっている出来事はすべて当然起こるべくして起こった公正な競争の結果だ」という考えに基づいています。このような思考は公正世界信念（Lerner、1980）と呼ばれ、これが強すぎると、たとえ不均衡の背後に差別があったとしても、その差別は常に正当化されてしまう危険性があるのです。

　無意識に持っているバイアスは、無意識であるがゆえに非常に厄介です。「偏見を捨てましょう」「差別をやめましょう」といくら叫んだところで、「偏見なんか持っていませんよ」「差別なんかしていません」「これは偶然であって、ハラスメントはあなたの思い過ごしです」と片づけられてしまいます。それでは実際の職場で、今まさに起こっている差別的な行ないや偏見をどうしたら減らしていくことができるのでしょうか。

　本書はこういった問いへの手がかりとなるでしょう。職場での見えない偏見と、それに基づいた差別的言動を減らすために著者が行なっている具体的な研修プログラム内容をこれからたっぷりご紹介していきます。また、分析結果もお伝えすることで、研修に効果があることをご理解いただけるはずです。

　現在の就業者向けの意識啓発の研修本、企業研修プログラムの多くは、残念なことに客観的なデータによって効果が検証されたものはほとんどないと思われます。あるいは何らかの裏づけを取っていたとしても、参加者アンケートに「効果がありました」「受講してよかった」という意見があったということをもって、研修効果があったと宣伝しているものが散見されます。このような方法では、その研修が具体的にどういった部分に影響を及ぼしたかまでは不明で、本当に効果的であったかどうかは分かりません。企業向け研修の講師もそのような研修を請け負うコンサルティング会社も、他社と競争し

て利益を出さなければならないという事情は理解できます。しかし、そういった企業研修は、ハラスメントや差別の抑止のためではなく、組織としてハラスメント対策を行なっているよう外部に見せるための「アリバイ作り」になりかねません。真剣に職場からハラスメントをなくすことを試みるのであれば、研修を実施したということのみでは不十分で、その研修の実施によって、どのような人にどんな効果があったのかということを常に確かめながら、工夫して進めていく必要があるのです。

　本書で紹介する研修は、いずれも研修前と研修直後で受講者の皆さんからデータを取り（場合によっては数週間後に再びデータを取り）、それらを比較することによって、参加者に変化が起こったかどうかを確認しています。実際の就業者や一般市民の方を対象とした研修会を実施し、主催者や研修参加者の皆さんにご協力をいただいての取り組みでした。サンプル数は決して多くはなく分析手法には限界がありましたが、できる限り客観性のある効果測定に努めました。
　中でも同僚を多面的に見る力を醸成する認知的複雑性研修（CCT）は、実施マニュアルとワークシートを掲載していますので、すぐに職場で実施可能です。この研修の実施によって、女性へのジェンダー・ハラスメントのみならず、職場のあらゆる差別的行動の解消につながると信じています。

　本書の構成は大きく「理論編」「実践編」に分かれています。
　「理論編」では、本書のテーマであるジェンダー・ハラスメントについて、具体例を取り混ぜながら説明します。ジェンダー・ハラスメントは凄惨な性暴力と比較すると深刻度の低い行為とされており、行為者も受け手でさえもそれをハラスメントと認識していない場合が多々あります。長年著者は、様々な場所でこの問題について発表し、講演活動を行なってきましたが、それが「よくない行ない」であるということさえ賛同が得られない場合が度々あり

ました。そこで、ハラスメントを受けることで生じる悪影響を、就業者のデータ分析で確認した結果を元に解説していきます。たとえ行為者や受け手が「よくない行ない」だと思っていなかったとしても、それに悪影響があることが確認されているのであれば、それは結果的に「よくない行ない」だと示すことができるからです。次にジェンダー・ハラスメントの原因となっているステレオタイプのひとつとして、昨今注目を浴びている潜在的ステレオタイプ（アンコンシャス・バイアス）を取り上げ説明します。

　「実践編」では複数のジェンダー・ハラスメント研修の内容と研修の効果を分析した結果を掲載しています。これらはいずれも一定程度の効果が確認されています。一方で「ジェンダー」や「ハラスメント」を冠した研修や、或いはそれらの内容を含む研修は、性別についての偏見や性役割に固定的な価値観を持つ人々には歓迎されない可能性がありました。さらにいうと、2000年代に保守主義者がジェンダー平等政策を「過激」として妨げたバックラッシュ（反発）の動きが尾を引き、このような内容の研修は開催がいまだに困難な場合があります。また、「ジェンダー」と名がつくと自分には関係がないと感じる人が多いということもあるでしょう。そこで、全く新しい観点から研修プログラムを再構築しました。その研修は、「ジェンダー」や「ハラスメント」の言葉や意味を使用しないで、それにまつわる行為を抑止しようという戦略的な試みです。いうなれば、「ジェンダー・ハラスメントの研修をしないで、ジェンダー・ハラスメントを抑止する」ということです。少し奇抜に聞こえるかもしれませんが、現時点でこの方法によりふたつの組織にて、研修の効果が確認されています。「なぜそのようなことができるのか？」「そんなばかな？？」と、不審に思われる方もいらっしゃることでしょう。

　その謎は本書を読んでいただくことで、解明されていくはずです。

本書の一部は、既に発表されている以下の文献に基づいています。

なお、以下および巻末の「引用文献」の書式は、心理学論文の掲載書式に沿っております。

小林敦子（2015）．ジェンダー・ハラスメントに関する心理学的研究―就業女性に期待する「女性らしさ」の弊害―　風間書房．（Ⅰ～Ⅲ）

小林敦子・田中堅一郎（2010）．ジェンダー・ハラスメント測定尺度の作成　産業・組織心理学研究, 24, 15-27.（Ⅰ，Ⅱ）

小林敦子（2008）．心理学におけるジェンダー・ハラスメントに関する文献的研究　日本大学大学院総合社会情報研究科紀要, 9, 63-71.（Ⅰ）

小林敦子（2009）．ジェンダー・ハラスメントが達成動機に及ぼす効果　―地方公務員の女性を対象として―　応用心理学研究, 34, 10-22.（Ⅱ）

小林敦子・田中堅一郎（2012）．ジェンダー・ハラスメントが就業女性の精神的健康状態に及ぼす影響　経営行動科学, 25, 185-199.（Ⅱ）

小林敦子・田中堅一郎（2013）．職場におけるジェンダー・ハラスメント理解促進のための研修の効果 応用心理学研究, 38, 293-294.（Ⅲ）

小林敦子・田中堅一郎（2012）．落語によるジェンダー・ハラスメント研修の効果の検討 ―平等主義的性役割態度の観点から― 日本大学大学院総合社会情報研究科紀要, 13, 97-102.（Ⅲ）

Kobayashi, A., & Tanaka, K.（2022）. Cognitive complexity training reduced gender harassment in a small Japanese company. *Japanese Psychological Research*. Advance online publication. https://doi.org/10.1111/jpr.12419（Ⅳ）

職場で使えるジェンダー・ハラスメント対策ブック

目次

I　ジェンダー・ハラスメントとは

1. はじめに

　ジェンダー・ハラスメントという言葉は聞いたことがあっても、それがどんな行為を示すのか説明できる人は少ないでしょう。ジェンダー・ハラスメントは、簡単にいえば「ジェンダー」にまつわる「ハラスメント」です。「ジェンダー」は社会的な性役割、「ハラスメント」は嫌がらせです。したがって、社会的な性役割に関する嫌がらせということができます。ジェンダー・ハラスメントは、多くの場合セクシュアル・ハラスメントに近い意味で理解され、このふたつを区別して使用している人はあまり多くはないと思われます。ただ、それはそれで大きく間違っているというわけではありません。

　また、近年ハラスメントという言葉が一般的に知られるようになったことで、様々な言葉をくっつけて気軽に「○○ハラスメント」「○○ハラ」といわれているのをよく聞くようになりました。まるで新種のハラスメントでも発見されたかのように見えますが、実は、ほとんどの行為は以前から存在していて、既に「セクシュアル・ハラスメント」や「職場いじめ」などの研究領域で問題視されていたものです。それではジェンダー・ハラスメントはどうでしょうか。ここでは、職場のジェンダー・ハラスメントについて、その言葉の成り立ちや範囲について考えていきます。それにはまず、セクシュアル・ハラスメントに触れておく必要があります。

　セクシュアル・ハラスメントはもともとアメリカの公民権運動の高まりとともに1970代に定着していった言葉です。当然のことながら、この用語が生み出され定着してからセクシュアル・ハラスメントが行なわれるようになったわけではなく、それ以前から多くの人たち（主に女性）がこのような行為に苦しめられてきました。しかしその当時は、職場の女性たちの多くが体験する不愉快な行為が言語化されていなかったため、この問題を当事者た

ちが共有し、社会に発信することができなかったのです。この言葉が作り出されたのは、どういう行為がなぜいけないのかを明らかにしながら、社会からこういった被害を少しでもなくしていくことが目的でした。

セクシュアル・ハラスメントという言葉が日本に伝わってきたのは1980年代といわれ、1989年には「セクハラ」が新語・流行語大賞をとるほど一般的な言葉として使われるようになりました。セクシュアル・ハラスメントといって思いつくのは、職場の上司が部下の女性に対して、性的な関係を迫り、要求に応じないとクビにすると脅すといった行為ではないでしょうか。そういった処罰に値するような深刻な行為を含んでいるセクシュアル・ハラスメントに比べれば、ジェンダー・ハラスメントは日本の職場ではよく目にする日常的な行為です。典型的な例としては女性に対して「女に仕事が分かるはずない」と言って初めから相手にしない、「リーダーは男がいい」と言って職場の中心的な役割から女性を除外していくといった行為が挙げられます。また、男性に対しては業績や能力等でその人を評価するのに、特に若い女性に対しては仕事ではなく容姿で評価する行為もジェンダー・ハラスメントに該当します。例えば上司が部下の女性とのコミュニケーションを目的としていたとしても、容姿や若さを褒めたりもてはやしたりする行為は、職場にふさわしくありません。

ところで、このような話をすると、「女性の容姿を褒めてもいけないのか」「褒められた相手は笑って喜んでいた」と言って、不適切であるということを受け入れない管理職の男性によく遭遇します。それはある程度無理もないことだと理解できます。彼らからよく聞く言い分の多くは、「場を和ませるつもりで」「親しみを込めて」といったように、全く悪気がない場合が多いからです。しかし、悪気がなかったからといって、不適切な行ないではなかったということにはなりません。

想像していただきたいのですが、性別はどうあれ地位の高い人、権力を持った人から予期しない不適切な言動を受けたときに、咄嗟にはっきりNoと言

える人は少ないのではないでしょうか。相手との関係が継続的で、自分の人事考課に関わる上司や指導してもらっている先輩である場合はなおのこと、多少嫌なことであっても聞き流し、笑ってやり過ごすといった反応をするのが精一杯ではないかと思われます。

　このように考えると、職場の上司から可愛いねと言われた女性が笑っていたからといって、喜んでいたとは限らないといえるでしょう。むしろ、職場といった公の場所で性的な対象として見られていることに違和感を覚え、不快感や居心地の悪さを抱く女性も少なくないはずです。それが親子のように年の離れた男性からであればなおさらです。

　いうまでもなく、職場は仕事をして生産性を上げるところです。女性に対するジェンダー・ハラスメントは、女性の若さや初々しさをもてはやす一方で、経験を積んでリーダーになるといったことを女性には初めから期待しない言動です。若く未熟であることと、経験を積み職務に熟達することは両立できません。そのような職場環境に身をおく女性たちは、生産性を上げる職場の一員でありながら可愛く未熟なほど周囲が喜ぶというシーンを頻繁に目にすることで、矛盾するふたつの役割に混乱することになるのではないでしょうか。

　ジェンダー・ハラスメントは、その人が出生時に割り当てられた性別に基づいて社会的に期待される固定的な役割を押しつけることですので、男女両方とも加害者にも被害者にもなりえます。同性間の行為も含まれます。もちろん、「男女」に属さない人もターゲットとなりえます。とはいえ、今の職場ではこういった被害に遭うのは圧倒的に女性が多いということから、ハラスメント研究は女性の被害を中心に行なわれてきました。本書の扱うジェンダー・ハラスメントも、そういった状況に鑑みて、女性に対する行為を中心に述べたいと思います。

　さて、ジェンダー・ハラスメントは、セクシュアル・ハラスメントという

枠組みの中で、比較的深刻度の低い性差別的な言動として位置づけられてきました。しかし、ひとつひとつは小さく軽くても、「1トンの羽」と比喩されることがあるように、頻繁に行なわれることで、積み重なって深刻な被害をもたらすことがあります。

　そこで、セクシュアル・ハラスメントとジェンダー・ハラスメントの位置関係をもう一度考え直してみました。「セクシュアル」は「性的」、「ジェンダー」は「社会的性」を意味します。これを言葉どおりにイメージすれば、性的なハラスメントの中に、社会的な性役割に基づいたハラスメントが位置づけられる構造となっています。しかし、性別の違いによって生じる社会的な力関係が先にあり、それを前提にさらに性的な欲望が加わって性的嫌がらせが発生すると考えるならば、このふたつの位置関係は、逆にした方が理解しやすくなります。また仮に、性的な嫌がらせであるセクシュアル・ハラスメントのひとつの分類としてジェンダー・ハラスメントが存在するとなると、性的な感情のない間柄で発生するジェンダー・ハラスメントは説明しにくくなります。つまり、ジェンダー・ハラスメントという行為の方がより広い概念として先に存在し、その中の性的な欲求に基づく行為をセクシュアル・ハラスメントと呼んだ方がより理解しやすくなるというわけです。さらに、セクシュアル・ハラスメントによる性被害対策という括りの中でジェンダー・ハラスメント対策を講じていくと、いつまでも軽微なハラスメントとして見過ごされてしまい、根本的な解決にはなりません。

　ジェンダー・ハラスメントとセクシュアル・ハラスメントは、どちらがより広いカテゴリーかということを論じないまでも、このふたつは分けて考えた方がいいと提案している研究者が、心理学にも法学の分野にも存在しています（例えば、宗方、2001）。そこで本書においても、関連があり似ている問題行動であっても、ジェンダー・ハラスメントをセクシュアル・ハラスメントから切り離し、それぞれの行為を明確に区別して扱うことにします。

2. ジェンダー・ハラスメントの具体例

　職場におけるジェンダー・ハラスメントとは、一体どういう行為を指すの
でしょう。本書で扱うジェンダー・ハラスメントの定義を紹介する前に、ど
のような経験が該当してくるのか、就業女性が実際に体験した具体的なエピ
ソードを紹介します。次の事例は著者のインタビューによる聞き取り、周囲
からの見聞、実際の経験に基づいています。

≪事例1≫

　著者は以前、ある会社の人事研修の一環としてジェンダー・ハラスメント
研修を実施しました。その研修の中でグループ・ワークを行なったときに、
女性社員が次のように語ってくれました。

　　昔、妊娠していてお腹が大きかった頃のことです。来客があったので、お
　茶を出すために応接室に入ったところ、「そんな醜い姿でお茶を入れるな」と
　上司から咎められました。やっと授かった赤ちゃんだったこともあって、悲
　しくて悔しくて後で泣きました。今でも思い出すと涙が出るほどです。この
　職場はこのようにひどい性差別が日常的なので、女だからどうせろくな仕事
　はできないだろうとか、雑用は女性の仕事に決まっているとか、そういった
　ジェンダー・ハラスメントは、私にとって些細なことに感じます。正直、ど
　うとも思いません。だから、何？　という感じです。今もし、上司が個人的
　に「お茶を入れろ」とか「買い物に行ってこい」とか言ったなら、代わりに「お
　駄賃を頂戴」と言って引き受けてしまいます。そのくらいに私は強くなりま
　した。

このエピソードに出てくる上司の「醜い姿でお茶を入れるな」という言葉には、「世の中には妊娠する人がいる」「働きながら妊娠する人もいる」といった基本的な認識が欠けていますし、働く女性を男性目線の美の基準で裁定して憚らないという態度がみえます。弱い立場にある人へのやさしさや労りもありません。

　その会社員の女性は、お茶入れや雑用を割り当てるような行為は日常的な些細なことであるので気にしないと語っています。その理由は、彼女自身がもっと酷い目にたくさん遭って傷ついてきたからだと言います。

　彼女の話を聞いているうちに、著者自身の古い体験を思い出しました。著者がまだ新人の頃、その組織では毎朝女性は少し早く出勤して机を拭き、同僚全員分のお茶を入れることになっていました。当時のその組織では、来客の際にたまたまそこに女性がいない場合、隣の課の女性をお茶入れに動員するようなこともしばしば起こっていました。それほど、「お茶入れ＝女性の仕事」といった構造が堅固だったのです。

　あるとき、著者は「お茶を飲むことはプライベートな行為なので個々に自分で入れたらどうか。来客のお茶入れが必要となったときは、性別にこだわらず新人が積極的に動くべきではないか」と課内の会議で提案しました。お茶を入れるという行為は長年のスキルを要せず誰でも担える仕事であり、業務がまだ少ない新人が対応した方が効率的だと考えたからです。課の係長は皆男性でしたが、拍子抜けするほどあっけなく、著者の主張が通りました。しかし、問題はここからでした。その会議に参加していなかった勤続年数の長い女性が、この決定に猛反対したのです。「そんなことを言うなら私ひとりでやります」と抗議し、課の全員分のお茶を進んで入れ出しました。そうなると、後輩の女性たちは先輩ひとりに雑用をさせるわけにはいかなくなります。こうして、会議の決定はなかったことにされたのでした。

　このエピソードは、ジェンダー・ハラスメントを経験してきた女性が、ジェ

ンダー・ハラスメントの被害を訴えている女性に同情を示すかというと、そうとは限らないということを示す典型的な例といえます。普通に考えれば、長年差別的な環境におかれてきた女性にとって、環境が改善されることは歓迎されるはずです。しかし若い女性が改革を提案すると、歓迎するどころか、先輩女性から抵抗されたり、無視されたりすることが実際には度々起こっているのです。では、なぜこのようなおかしなことが起こるのでしょうか。

　理由のひとつに、長年ジェンダー・ハラスメントを受けてきた女性たちは、差別を差別と認めないように動機づけられてきたということが挙げられます。上司や同僚は協力して仕事をし、苦楽をともにする仲間であり、ときには自分を守ってくれる大切な存在です。このため、そんな人たちが自分を差別してきたことや、これまでの自分の行ないが差別的な環境への適応であり、差別者への貢献だったということが受け入れ難いのです。どんな努力であっても、後になって必要のない努力だったと言われることは本人にとって辛いものです。ジェンダー・ハラスメントに耐えてきた女性は、ジェンダー・ハラスメントに該当する行為を甘受してきた過去があるため、今更それが差別だったと言われても、俄かには受け入れ難いのでしょう。また、それが今改善されてしまうと、後輩の女性たちが自分の味わってきた苦労から解放されることになるため不公平を感じ、否定したい気持ちが起こるのはある程度理解できます。不幸の連鎖はこうして起こります。

　このように考えると、職場でお茶入れや雑用や気働きを期待されてきた女性たちは、後輩が受けるジェンダー・ハラスメントに、必ずしも同情を示すとは限らないことは自然であると考えられます。新人の女性がジェンダー・ハラスメントを受けて、同僚や先輩の女性に相談したときの反応の冷たさは、このような理由から生じているといえるのです。だからといって、このような女性たちが心からジェンダー・ハラスメントを歓迎しているかというと、そうではありません。ジェンダー・ハラスメントは心の底では嫌な経験と感じているけれど、それを外には出さずに耐え続けてきた自分に、無意味に価

値をおいているのです。このように、女性たちの間でさえもジェンダー・ハラスメントは軋轢を生む厄介な問題といえます。

次の事例では女性同士のジェンダー・ハラスメントについて紹介します。

≪事例2≫

福祉関係の事業所で専門職スタッフとして働く女性から、職場での体験談を聞きました。実は、著者がジェンダー・ハラスメントについての研究報告を行なった際に、その女性からジェンダー・ハラスメントに該当するような差別行為を受けたことがないと聞いていました。自分は全くそのような扱いをされたことがないと驚き、はっきりと否定していました。

ところが、数年経って次のように打ち明けてくれたのです。

　職場は7名程度の小さな組織です。女性は私のほかに、年上の事務職がひとりいました。ほかはすべて男性でした。私より年下の男性も何人かいました。職場では清掃に専門業者を雇っていなかったため、従業員が行なわなければなりませんでした。どの職場にも目に見えないような些細な雑用が存在しており、そのこと自体は仕方のないのですが、問題はそういった雑務のほとんどを私が担わなければならなかったことにあります。特に、男子トイレの清掃には抵抗がありました。なぜ、女性の私がひとりで男子トイレを清掃しなければならないのか。でも仕方がありませんでした。私よりも年上の職場の女性が、いつも私にトイレ掃除を言いつけて、私は立場上、逃げることができなかったからです。

　ある若い男性が、私にばかり清掃を押しつけては悪いと思ったのか、度々自分から進んでやろうしてくれたのですが、その年上の女性は「いいです。いいです。私たちがやりますから」などと言って、絶対に男性には手を出させようとしないのです。そしてそう言っておきながら、ほとんど自分ではや

らずに、いつも私に命令してきます。

　著者はその話を聞いてまず戸惑いました。自らのハラスメント経験を否定
していた女性が、実際には被害に遭っていたからです。著者は、同性間のジェ
ンダー・ハラスメントが頻繁に発生していること、そしてそれは、女性が別
の同僚女性に雑用や気働きを押しつけるといった行為であることを十分に伝
えていたつもりでした。しかしその女性は、自分の受けた行為が「嫌な経験」
であるとか、ジェンダー・ハラスメントに該当するということに、そのとき
は思い至らなかったと言います。それどころか、自分の経験がハラスメント
の被害であることを強く否定したい気持ちになったようです。しかし後から
よくよく思い返し、自分が担ってきた数々の業務がまさにジェンダー・ハラ
スメントによるものであったことに気付き、著者に打ち明けてくれたのでし
た。
　ところで、なぜ先輩女性は、後輩であっても専門職として明確な役割を担っ
ている女性に、男子トイレの掃除を強要したのでしょう。職場の雑用は、民
主的に公平に分担することが理想的といえます。とはいえ、なかなかそうは
いかないもので、大抵の場合雑用を担うのは、職位が一番下のスタッフに固
定されがちです。そう考えると、「男性は年下であってもすべての女性より
格上だから雑用はやらなくていい」「女性は専門職としての特定の職務役割
があっても、職場での格付けには関係なく一番下の地位である」といった序
列が見えてこないでしょうか。さらに女性たちの中にも「正式な職務役割に
関係なく雑用は年下がすべきである」といった独自の掟が作られることも想
像できます。著者が知っている公組織においても、同様のことを見聞きして
います。ある年配の女性職員が、係長であり職位の高い年下の女性に対して、
「私ばかりお茶入れをしていて、あの人はお茶入れをあまりしなくてずるい」
「気が利かない」と上司でもある女性を非難しているのを聞いたことがあり
ました。

この見えない非公式の序列は、次に紹介する事例でも共通して報告されています。

≪事例3≫

　東京の大きな企業で働いている女性から寄せられたエピソードを紹介します。その女性は以前から著者のジェンダー・ハラスメント研究の内容について、「そんなことは全く体験したことはない」と不思議がっていました。しかしそれから数年後、著者のところにやってきて、次のような体験を打ち明けてくれたのでした。経験してからずっと後になって、それがジェンダー・ハラスメントだと気付くという点は、事例2と共通しています。ジェンダー・ハラスメントとは何かという説明を受けたとき、一旦は自身にそういった経験が全くないと言いながら、後からその行為について思い当たったというのです。

　　職場で対外的な名簿を作成しているのですが、その名簿には常に私の名前が一番下になっていました。いつだって新人男性より下です。初めのうちはあまり気にしていなかったのですが、どうやら偶然ではないことに気付きました。それなりに経験を積み、部下もいて役職も就いているのにもかかわらず、どんな場合でも私の名は一番下に書かれているので、偶然ではなく何かの意図があると考えざるをえないと思い始めたのです。
　　ある日、思い切って上司に相談しました。なぜそうなっているのか尋ね、職階や経験年数の順にしてほしいと要望しました。すると上司は「そんな些細なことを気にするな」と一蹴し、取り合ってくれませんでした。悔しくて私は泣きました。これは本当に些細なことなのでしょうか。名簿を見る人は誰でも、書かれている名前の順番でその人の職場での重要度を判断すると思います。職位の高い人、経験の長い人、重要なポジションに就いている人は

必ず上の方に書かれているはずです。私がいつも一番下に書かれるということは、常に一番低い地位だということです。どんなに経験を積んで頑張ったところで、永久に新入社員の男性よりも軽い存在と見なされることを意味します。さらに、勇気を出してそれを理不尽だと訴えたところで、「そんなの気の持ちようだ」とか「細かいことを気にすると出世できない」とか「女性は感情的だ」と言われ、不平等な扱いはなかったことにされてしまうのです。

　名前の順番と性別に関しては、著者にも同じような経験があります。
　著者が以前所属していたある研究会でのことです。そこでは、会の代表の男性が、毎回議事録を作成していました。研究会の会員は、著者以外はすべて男性でした。議事録にはその会議の参加者名が記されていたのですが、私の名前が毎回一番下に書かれていることに暫くしてから気付きました。20回くらい会議がありましたが、すべての会議録で私の名前は最後に書かれていたのです。理由について様々な可能性を考えてみたのですが、五十音順でもアルファベット順でも発言の回数順でも会議に参加した期間の長さでも年齢順でも席順でもありませんでした。一度だけ、20歳の男子大学生が参加したことがありましたが、その回の会議録では、その男性の名は私のすぐ上に書かれていました。最終的に「女性の名前は一番下に書く」といった暗黙のルール以外の法則性はないと判断せざるをえませんでした。
　こういう話をすると「順番なんてどうだっていいだろう」「私はそんなこと気にしていない」と言う人がいますが、果たしてそれは本当でしょうか。もし氏名の順序がどうでもいい些細なことであったならば、なぜ議事録の作成者は、執拗なまでに女性の名前を男性の下に書き続けたのでしょうか。仮に順序を些細な問題と捉えているならば、たまには間違えて女性の名前を上位に記載することがあってもおかしくなかったはずです。
　男性の名前を先に、女性を必ず下に書く人たちにとって、名前の順序は決して些細な問題ではありません。そういう人は、どんな場合でも人を「男」

と「女」のふたつに分け、さらに男女で「順序付け」を行ないます。そして、「女性の名を男性の下にしなければ男性に対して失礼にあたる」「女性の名は男性の下に書いても、その女性に対して失礼にはあたらない」という価値観が身にしみ込んでいます。また、男女二元制は性的マイノリティの人々に大きな負担となっています。性別にかかわらず、どんな人も公平に尊重すべきなのです。

≪事例4≫

　著者は大学生向けにジェンダー・ハラスメントについて話す機会が何度かありました。まだ社会に出ていない学生には、あまりピンとこなかったかもしれませんが、学生たちから次のようなエピソードや感想が寄せられました。
　ひとり目は、学生の両親の話です。

　エピソード①　私の周囲にはジェンダーの問題を理解している人は少ないと思うけれど、職場や社会には、男女による差別とか偏見といったものはすごくあると感じています。私の父と母は両方とも管理職として会社で働いています。母は残業も多く、夜遅くに帰ってくることの方が多いです。父は有休をよく取っているのですが、ふたりの給料は父の方が多いと母が言っていました。母が新卒で職場に入ったとき、「使えない女の新卒を連れてきてどうするんだ」と、その職場の上司の人は言ったそうです。母はよく職場では女性はかなり頑張らないと認めてもらえないといったような、女性に対する偏見の存在について私に語ってくれます。私も社会に出たらそういう目に遭うんだろうなと思いました。

　次はバイト体験の話です。

エピソード②　ジェンダー・ハラスメントの説明の中で、職場で女性にかわいいねと言ったりして容姿を褒める行為もハラスメントになりうるということはよく分かる気がします。私はバイトをしていますが、店長から「女の子は笑ってごまかせばいいからいいよな」といったことを言われることがありました。私は、笑ってごまかしたことは一度もないと思います。

　一生懸命仕事を覚えようとして自分なりに頑張っているのに、仕事や頑張りは見てもらえず、「かわいい」とか言われ、失敗すると「だから女は」と言われて、はじめからひとりの人間としては見てもらえないのだと感じます。それで泣いたことがありました。

　だから、「かわいい」といった一見誉め言葉に見えるような言葉も、実は仕事をする人間として見ていないことの裏返しで、職場のハラスメントなのだと理解できます。

最後は大学での体験談です。

エピソード③　私は大学の事務課でこんなことを言われたことがあります。ある企業が社会貢献活動の一環として、大学生向けプロジェクトの参加を募集していました。企業が学生を直接募るのではなくて、大学に対して推薦を依頼するしくみでした。学生の選考には成績や作文などの審査があり、私は最終選考の３名に残りました。ところが、大学の事務課の男性から、「女の子は結婚すると仕事をやめるから、企業はあまり歓迎しない」「大学としては女子学生を推薦しない」と言われてしまいました。

　女子学生を推薦しない方針であれば、募集要項にそのように堂々と書けばいいと思います。選考基準はあたかも公平であるように見せかけておいて、実際は裏で女子を排除しているのです。女子学生でも公平に扱ってもらえると思ったから応募したのに、女子だからはじめから相手にされていなかったということがわかり、すごくがっかりし、腹立たしい思いをしました。

著者は、彼女たちが自身の体験を率直に語ってくれたことを嬉しく感じました。大学生を相手に職場のジェンダー問題の話をしても、関心を持ってもらえないことが多くあるからです。また大学生の中には、自身の性別によって不遇な扱いを受けたり、ほかの人がそのような経験をするのを見聞きしたりしたことは全くないと断言する人がいます。20年くらい生きていれば、そんなはずはないと思うのですが、実際には無理もないことなのかもしれません。なぜならこれから巣立っていく先の社会で、出生時に割り当てられた性別という自分の意志ではどうにもならない要因によって、差別的な処遇を受けるかもしれないということは、彼女たちにとって受け入れたくないことだからです。

≪事例5≫

　市役所や区役所、県庁などの公組織では、男女平等の環境が整っていると考えられてきました。しかし、実際はそうでもないという体験談を聞きました。次の3人の話は10年から20年前のことなので、現在では少しは改善されているかもしれませんし、そうあることを切に願います。

　エピソード①　私の職場の男女比は6対4くらいです。ただ、管理職のポジションにある女性はほとんどいません。よく女性は管理職に向いていないからとか、管理職になろうとする女性がいないからだとかいわれていますが、本当にそうでしょうか。
　私の課の事務分担は、女性であれば庶務的な仕事、男性はその係の中核を成す、いわば花形の役割を暗黙のルールで割り当てられています。個人の適性を反映した結果というのは表向きで、決定権を持つ人が何の疑いも持たずに、性別で自動的に役割を割り当てているように見えます。

課員の机の配置は、基本的に職階を元に決めていくのですが、ある時男性上司が女性職員の机の並び順に対してのみ、「女同士で仲良く話し合って決めてくれ」と言い、私たちに丸投げしてきました。男性職員にするのと同様に、公の場で決めてほしかったのですが、その上司は「女同士のいざこざに巻き込まれたくない」という趣旨のことをぶつぶつ言っていました。席順の何がどうしていざこざに発展するのかは理解できませんが、女性職員を男性と対等な職員としては認めずに、「非公式な女の集団」として捉えているのだなと感じました。女性職員は性別が女性というだけで、勤続年数や職階はそれぞれ異なっているのに、そういったことは全く目に入っていなくて女性は全員一括りに扱い、男性のヒエラルキーの外側に置いていると感じました。

　私が同僚の男性職員の重大なミスを発見し、急いで修正の対応に奔走したとき、その上司から冷たい態度を取られてしまったことがありました。初めはどうして上司がそのような態度を取るのかわからなかったのですが、後から考えてみると「生意気な女が余計なことをして男たちのメンツを潰した」と思っているようでした。このような状況なので、上司から承認されるためには、女性らしいとされている仕事に勤しむしかないし、たとえそれで認められたとしても、庶務的な仕事しかしていないため、将来管理職になるために必要な経験は積めないことになってしまいます。働く女性の多くは、このようなパラドックスに陥っていると思います。同僚や先輩の女性に相談しても「お茶入れや庶務も立派な仕事」「女性は気配りができて一人前」ということを繰り返すばかりで、問題を直視したくないように見えますが、ある時女性の先輩が私に本音を語ってくれたことがありました。この職場では全体的に女性職員は蔑まれていて、総務部門の女性よりも、特に建設部門といった男性中心の職場に配属された女性は「役に立たないお荷物」といった扱いで、女は男のためにお茶を入れていればいいと思っている人が多いそうです。先輩の女性たちの言動からは、その価値観を過度に内面化しており、どこか「女性であることの罰」を自ら進んで受けているように思えました。一般的に公

務員は民間企業に比べて女性にとっては恵まれた職場です。男性と同じ賃金をもらえている女性は世間ではとても少ないのです。そんな中で「男性と同じ賃金体系の中、働かせてもらっている」「出産を経験しながらも組織に置いてもらい申し訳ない」といったような、すごく卑屈な考えに陥っている人が多いように見えました。実際には女性には優秀な人も多く、男性のやらない仕事も一手に引き受けているので、そんなに単純な話ではないと思うのですが。

　女性が管理職にならないのは、本当に女性に能力がないから、出世する気がないからなのでしょうか。力仕事ができないとか、緊急時に対応できないといわれますが、日常的な雑用でも身体を使う仕事をむしろ女性たちが担っている場合は多いですし、緊急時では、性別にかかわらず、そこにいた人が対応せざるをえない局面が多いと思います。女性といって一括りにしないで、やる気や能力や状況で判断してほしいです。今の職場では、個人の努力や能力の前に、女であることで現在の仕事や将来のすべてが決まってしまっていると思います。

エピソード②　地方公務員の組織は外から見ているのと、その中にいるのとでは全く違いました。公組織であるから男女平等と信じていたのですが、裏では性別による強固なまでの役割分担がありました。

　職場には、上部の組織へ数年間職員を出向させる制度があり、毎回若手の中から選ばれ、陰で出世コースといわれていました。ただし、出向するのは男性ばかりで、過去に女性はひとりもいませんでした。ある年、私の一年下の後輩の男性が選ばれました。私は入所試験の成績がトップクラスだったとのことで、将来の幹部候補だと人事部長から直々に言われていたため、どういう選考基準なのか少し気になりました。そこで、思い切って人事課に尋ねたところ、女性は出向させない方針であるとのことでした。理由を聞いたのですが、女性が出向先で問題を起こすと困るからだそうです。どんな問題があるのかとさらに尋ねると、恋愛とか出産とかそういった類のことのようで、

あまり歯切れのいい答えが返ってきませんでした。私は、見えない基準によって初めから自分が除外されていたことを知り、もやもやとした気持ちになりました。

　職場には女性向きとされている仕事があり、女性の後任には女性が充てられ、連綿とその仕事を引き継いでいきます。たとえば、人事課では、大まかに、職員配置や研修などの政策的と見なされている仕事と、給与計算や福利厚生というような定型的・庶務的と見なされる仕事があります。そして、その仕事が政策的であれば男性向き、定型的・庶務的と見られれば女性向きとされ、性別で自動的に配置されます。

　上司に性別で職務分担を決めないでくださいとお願いしても、「個人の適性で判断した」と思い込んでいるので、耳を傾けてはもらえません。給与計算は膨大な量でかなり大変だと思うのですが、以前、人事係長が「所詮女子供の簡単な仕事」と言っているのを聞いたことがあります。それに対して、男性は政策的な仕事を任されており、難しい重要な業務は男性にしかできないとみなしているように見えます。だから、女性たちが膨大な雑務で走り回っている脇で、一日中机で腕組みしていても男性職員は許されるのでしょう。

エピソード③　私が入所して間もない頃、職場の事務改善について、ある提案をしたことがありました。新人女性が課内会議で突然事務改善案を提案するのは、たぶん当時としては異例のことだったと思うのですが、直属の上司がそういうことに頓着しない人だったので、たまたま実現したのだと思います。

　発言し終わると、ある男性の係長が、突然、「嫁さんにしたいくらいだ」と口火を切りました。私は何を言われているのかわからず、凄く驚き、戸惑いましたが、その男性係長の話を聞いていくうちに、褒めているのだということは、なんとなく伝わってきました。想像するに、働く女性の仕事や発言を評価した経験がなかったため、褒める相手が女性だったから「嫁にしたい」という言葉が咄嗟に出てしまったのではないでしょうか。ただ、私は、自分

よりもずっと年上のお父さんくらいの男性から突然そんな言葉をかけられて、すごく恥ずかしく、居心地の悪い思いをしました。

≪事例6≫

最後に、著者のジェンダー・ハラスメントに関する体験を紹介します。

　ジェンダー・ハラスメントの研究を始めた頃、心理学の研究会で発表する機会がありました。組織のジェンダー・ハラスメントに関する分析結果の報告であり、就業女性のジェンダー・ハラスメントの被害体験が組織に悪い影響を与えるという発表内容でした。

　発表後の質疑は、終始批判的なコメントや手厳しい内容ばかりでした。著者はその理由を、心理学の研究としては珍しい内容であったことに加え、自分がこうした研究発表に不慣れで未熟だからと考えていました。しかし、それだけが理由ではなかったことを後から知りました。発表終了後に、ある男子学生たちが次のように著者に打ち明けてくれたからです。

　「よく世間ではおばさんたちがジェンダー、ジェンダーとヒステリックに騒いでいるのを目にする。今日はジェンダーについての発表をするということだから、嫌がらせをしてやりたいと思った。それで友達5、6人と示し合わせて最前列に陣取って、終始にらみつけて圧力をかけていた。でも話を聞いてみるとジェンダーの話をする人の中にもこういう人がいるのだと好感を持った」

　因みに、著者は夢中で発表していたため、このような学生の存在には気付きませんでした。言われてみれば、前の方に学生が固まっていたような気もしました。

著者の発表はその男子学生が当初想定していたイメージとは違ったよう

で、後から謝罪してくれました。

　ジェンダーにまつわる問題を語ることについて、最終的には肯定的に捉えてもらえたことは嬉しいのですが、一方で、著者は男子学生の言葉には少し違和感を持ちました。それは、彼らよりもひと回り以上年上の社会人に対して研究会という場で威圧的な行ないをしようとしていたという点です。もし、発表者が社会人男性であったら男子学生たちはこのような行為に出たでしょうか。

　学生たちが自分たちの行為をあまりに素直に告白したという点にも驚かされました。その正直さには、「ジェンダーを語る女性に制裁を加えるのは社会的に許される行為である」と信じているように見えました。翻って考えると、年若い学生だから無邪気に告白してくれたのであって、実際は同じように感じていた大人の研究者が多くいて、そういう人たちは著者に対する敵意を巧みに隠していただけなのかもしれません。しかし、一番重要なこととして挙げたいのは、「ジェンダー」という言葉は社会的に作られた性という意味でしかないのに、それを口にした人間が、偏ったものの見方をする過激な人物と捉えられていることです。それには、男女共同参画社会基本法制定後の、一部の保守系の議員やメディアによる「バックラッシュ」が大きく影響しているでしょう。「ジェンダー」という言葉が、これほどまでに人々の敵意を剥き出しにさせるということに驚くとともに、だからこそ、そこに潜んでいる問題の大きさに愕然としたのでした。

3. ジェンダー・ハラスメントの定義

　前節では、ジェンダー・ハラスメントとは一体どのようなものなのか、実際にあった具体的な事例を紹介して説明しました。次に、ジェンダー・ハラスメントという概念がどのように整理され定義されてきたかを見ていきます。

そのためには、まず、セクシュアル・ハラスメントの歴史を振り返る必要が
あります。もともとジェンダー・ハラスメントは、セクシュアル・ハラスメ
ントの中のひとつの形態として捉えられていたため、ジェンダー・ハラスメ
ントを理解するためには、まずはセクシュアル・ハラスメントについて考え
る必要があるからです。

（1）セクシュアル・ハラスメントの法的な定義

　セクシュアル・ハラスメントという言葉は大昔から存在していたわけでは
ありません。では、この言葉が生まれる前は、セクシュアル・ハラスメント
は全くなかったのでしょうか？　そうではありません。現在セクシュアル・
ハラスメントと呼ばれているような行為は、そう命名される以前から、既に
長くこの世に存在していたことが指摘されています。例えば、アメリカの心
理学者の Hulin らは次のように述べています。

　　"Sexual Harassment in organizations has a long past but a
　　short history."
　　　　職場のセクシュアル・ハラスメントの過去は長いが、歴史は短い（Hulin,
　　Fitzgerald, & Drasgow、1996、訳は引用者による）

　これは職場においてセクシュアル・ハラスメントに相当するような行ない
は連綿と続いていたにもかかわらず、それが問題行動であるという認識が社
会全体では共有されず、また、適切に表し示す端的な言葉がなかったため、
あるいは統一した言葉が普及していなかったため、十分に記述されてこな
かったことを表していると思われます。
　また、セクシュアル・ハラスメントに該当するような行ないは、様々な国

や文化を超えて存在しています。セクシュアル・ハラスメントに関する研究の先進地であるアメリカと、日本の心理学系の学術雑誌を少し調べただけでも、様々な国や文化において記述され研究対象とされていることが分かります。例えば、アメリカ、日本、イギリス、フランス、カナダ、オーストラリア、ブラジル、スウェーデン、ベトナム、ドイツ、インド、シンガポール、ミャンマー、中国、ネパール、韓国、スウェーデン、ガーナ、ウガンダ、ジャマイカ、南アフリカ共和国……といったように枚挙にいとまがありません。

　それでは、セクシュアル・ハラスメントとはどんな行為を示すのでしょう。セクシュアル・ハラスメントの定義は大まかに分けてふたつあり、ひとつは法的な視点に基づいた定義であり、もうひとつは社会心理学的な視点からの定義です。セクシュアル・ハラスメントに対する一般的な認知と概念の確立の契機となったのは、この行為をめぐる訴訟が起こされ、人権に関わる重要な問題として裁判所で法的に認められたことが大きかったと考えられます。このため、まずは法律上の定義について見ていきましょう。

　「セクシュアル（sexual）」は「性的な」といったことを意味するので、文字どおり性的な言動によって相手を困らせるような行為を示します。職場の不均衡な力関係の下、上司が部下を性的に搾取するといった行為であり、被害者側が拒否するのが困難な状況下で起こります。

　セクシュアル・ハラスメントという言葉が作り出されて市民権を得る前は多くの場合、被害者が泣き寝入りしたり、或いは勇気を出して訴えても取り合ってもらえなかったりと、社会の重要な問題として一般的に共有されることはありませんでした。こういった出来事は個人的な間柄で起こった恋愛沙汰であって、組織や社会の領域で扱われるべき重要な問題ではないと長い間捉えられてきたのです。

　このような判断に変化が起こったのは、1970年代後半のアメリカといわれています。アメリカの裁判所は、性的な関係を強要され、それに応じなかったことで職を失った女性への行為が、対価型セクシュアル・ハラスメントに

該当すること、また、それは公民権法に抵触する違法な性差別であることを初めて示したのです。そしてこの判決によって、これまで「痴情のもつれ」と矮小化され続けてきた性差別に関わる職場の問題に、初めて光が当たったといえるのです。

　さらに1980年代のアメリカの裁判所は、セクシュアル・ハラスメントが成立する法的な範囲を拡大しました。職務上の地位を利用して性的な関係を迫るといった対価型セクシュアル・ハラスメントのほかに、敵意的な職場環境を作り出すものとして、環境型セクシュアル・ハラスメントが加えられました。環境型セクシュアル・ハラスメントは、それによって必ずしも仕事を失わせたり職務上の利益を損なわせたりするものではありませんが、被害者が仕事をしにくくなるような職場環境を作り出す行為です。例えば、職場に女性のヌードポスターを貼ったり、相手に卑猥な言葉を掛けてからかったり、性的な対象として扱ったりするといったことが挙げられます。そのような行為は、被害者に対して直接的に不利益を与えるものではありませんが、就業者を貶める行為であり、職場において性別に基づく地位の不均衡を生み出し強化する環境型セクシュアル・ハラスメントであると認められたのでした。そして、本書のテーマであるジェンダー・ハラスメントは、法的な分類ではこの環境型セクシュアル・ハラスメントに相当するといえます。

　このような司法上の判断を受けて、アメリカ合衆国連邦政府雇用機会平等委員会（EEOC）は、セクシュアル・ハラスメントのガイドラインを作成し、さらに、セクシュアル・ハラスメントは同性間でも成立すること、被害者が職場で働いているかどうかによらないこと、直接的な被害者でなくても成立することが盛り込まれました。

　対価型セクシュアル・ハラスメントと環境型セクシュアル・ハラスメントの区分について、『ジェンダーの心理学ハンドブック』（「セクシュアル・ハラスメント」、田中、2008）では次のように紹介されています。

対価型セクシュアル・ハラスメントは、"職務上の地位を利用し、または何らかの雇用上の利益の代償あるいは対価として性的要求が行われるもの"、環境型セクシュアル・ハラスメントは、"はっきりとした経済的な不利益は伴わないにしろ、それを繰り返すことによって職務の円滑な遂行を妨げる等、就業環境を悪化させる性的言動" である。

(2) 日本におけるセクシュアル・ハラスメント

　日本においてセクシュアル・ハラスメントという言葉が米国から入ってきたのは、1980 年代といわれています。因みに、セクシュアル・ハラスメントの表記は、初期の頃は「セクシュアル」と「セクシャル」が混在していましたが、現在では「セクシュアル」と表記するのが一般的なようです。

　日本で初めてセクシュアル・ハラスメントが法廷で争われたのは、1989 年に福岡地裁に提訴された、通称「福岡セクシャルハラスメント事件」といわれています。この裁判では、福岡の出版社に勤務していた編集者が会社と上司の編集長を訴えました。福岡地裁は 1992 年に編集者と会社に総額 165 万円の損害賠償を命じました（角田、2002）。

　さらに耳目を集めた事件として、いわゆる「アメリカ三菱自動車工場セクハラ事件」が挙げられます。1996 年にアメリカ三菱自動車は、アメリカ政府機関の雇用機会均等委員会（EEOC）に公民権法違反で提訴されます。これらの事件を契機に「日本企業では、女子社員は芸者であることを求められている」といった日本文化への批判や、大規模なジャパン・バッシング、消費者からの不買運動が巻き起こりました。最終的に三菱自動車は原告と和解しましたが、多額の賠償金の支払いに応じなければなりませんでした（角田、2002）。

　ところで、セクシュアル・ハラスメントはセクハラという略語により知ら

ない人がいないといっていいほど普及したにもかかわらず、関連する事件は後を絶ちません。普通に考えれば、その行為に対して不適切であるという認知が広がったのなら、抑止しようとする方向に動機づけられると思われます。では、一体どうして同様の事件が繰り返し起こっているのでしょうか。その背景には、セクシュアル・ハラスメントという言葉が広まった当時、この言葉の指し示している状況が十分に吟味されることなく、興味本位で面白半分に扱われたために広まっていたことが考えられるでしょう。セクシュアル・ハラスメントが指し示す行為は、事件にまでは発展しないまでも日常的に頻繁に発生しています。日本で働く人はこれらの事件をとおして、セクシュアル・ハラスメントに該当する行為の多くが、実は日本の企業風土において極当たり前の、主に女性に対する日常的な言動であることに気付かされたのではないでしょうか。さらに、一般的に、企業にとってセクシュアル・ハラスメントは、立場の弱い働く女性の人権を守るという重要性よりも、企業のリスク・マネジメントの観点から関心が寄せられたという側面があったと思われます。

（3）心理学的視点からのアプローチ

職場で発生している性にまつわる嫌がらせといった行為が、「セクシュアル・ハラスメント」というキーワードにより盛んに心理学の研究の対象とされ始めたのは、1980 年代に入ってからといわれています。それ以降、様々な視点から研究が蓄積されてきました。心理学は人間の心のメカニズムを解き明かそうとする学問ですから、ハラスメントを行なう人の心理的な背景や被害者への心理的影響などは重要なテーマとなるからです。研究のためには、セクシュアル・ハラスメントに該当する行為がどのくらい社会に蔓延しているのか、どの程度の頻度で発生しているのかを把握しなければなりません。

そしてその前提として、どんな行為をセクシュアル・ハラスメント研究の対象とするのかを定義することが必要となってきます。このため、セクシュアル・ハラスメントの初期の研究では、セクシュアル・ハラスメントの定義や分類に関心が集まりました。

　心理学におけるセクシュアル・ハラスメントは法律上の取り扱いとは異なり、被害者に生じた実害の有無を成立要件とはせずに、被害者から見て該当行為があったかどうかを問題の中心としています。つまり、セクシュアル・ハラスメント被害の結果、離職に追い込まれる、身体的・精神的苦痛によって実質的な損害を被るというような事実がなかったとしても、心理学上はセクシュアル・ハラスメントが成立します。そのため、セクシュアル・ハラスメントと見なされる行為の範囲は、法的な取り扱いよりも広範になる傾向にあります。

　ここで、先ほど紹介したセクシュアル・ハラスメント研究者の Fitzgerald による定義を紹介します。

　　　セクシュアル・ハラスメントは、公的な権限が異なる状況の下で、性差別的もしくは性的な見解・要求・必要条件を導入したり強制することによって、道具的関係を性的な関係にすることによって成立する。嫌がらせ（ハラスメント）はまた、もしある行動がある女性にとって不快なものであるならば、公的な地位の差が存在しなくても起こりうる（Fitzgerald、1990、訳は田中、1996、による）。

（4）心理学におけるジェンダー・ハラスメント

　さて、心理学研究におけるジェンダー・ハラスメントは、Fitzgerald らにより、「性的関係を意図しないが、女性を侮辱し、敵意を伝え、品位を落とす

ような態度を伝える幅広い言語的・非言語的行動」と定義され（Fitzgerald, Gelfand, & Drasgow、1995）、セクシュアル・ハラスメントの一形態として位置づけられています（図Ⅰ-1）。

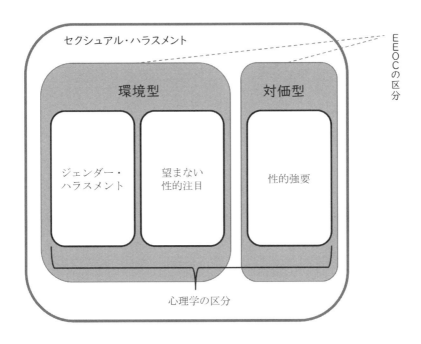

図 Ⅰ-1. セクシュアル・ハラスメントの区分と EEOC の区分の関係
Fitzgerald（1995）の図を元に著者が改変したもの

　ジェンダー・ハラスメントに関連する研究は極めて少なく、Piotrkowski による「Gender harassment, job satisfaction, and distress among employed white and minority women（白人およびマイノリティ女性就業者におけるジェンダー・ハラスメント、職務満足度、苦痛）」(1988) は、実証的研究として、先駆的といえるでしょう。Piotrkowski は、心理学におけるほとんどのセクシュアル・ハラスメント研究は、望まない性的注目や性的強要が中心となっており、ジェンダー・ハラスメントの影響を調査したものがほとんどないという点に着目しました。そして、セクシュアル・ハラスメントの種類の中では比

較的軽度なハラスメントとされているジェンダー・ハラスメントが、抑うつや職務満足にどのような影響を及ぼすかを研究しました。この研究では、ジェンダー・ハラスメントを「ジェンダーに基づく職場のストレッサーであり、職場の内外に関わりなく発生する女性に対するより一般的な迫害の一つである」と概念整理しました。そしてジェンダー・ハラスメントの頻度を測定するために、「"At work, have you experienced or heard offensive slurs or jokes or remarks about women?"（あなたは職場で女性に対する不快な中傷や冗談を聞いたり経験したりしたことがありますか）」という質問を用いて、就業女性たちがどのくらいの頻度でジェンダー・ハラスメントを受けているかを測定しました。この質問項目を用いて頻度を調査した結果、70％以上の女性がジェンダー・ハラスメントを経験していることが示されました。さらに、ジェンダー・ハラスメントを受けた女性の職務満足は低下し、精神的苦痛が高まったことが示されました。

　ParkerとGriffinは、Fitzgeraldらが定義した心理学の区分による3つのセクシュアル・ハラスメントのうちのジェンダー・ハラスメントに焦点を絞り、それが就業女性に精神的苦痛をもたらすメカニズムについて調べました（Parker & Griffin、2002）。その理由として、Parkerらは、ジェンダー・ハラスメントは、①最も頻繁に起こっているハラスメントであること、②人を傷つける行為であり、特に職場の少数派に与えるダメージが大きいこと、③ほかのハラスメントよりも法律的にも政策的にも軽く扱われていること、④悪影響があるにもかかわらず、日常的な交流の一部として行なわれ、必ずしも悪いものと捉えられていないことを挙げています。Parkerらは、まず、就業女性がジェンダー・ハラスメントを受けたときに知覚する過大な職務遂行要求（overperformance demands）に注目しました。過大な職務遂行要求とは、「同僚の2倍も一生懸命に働かなくてはならないと感じる」「自分の能力を証明しようと絶えず努力していると感じる」といったように、自分が職場に受け入れてもらうためには過剰なまでにパフォーマンスを上げる必要があると

知覚し、プレッシャーを感じるような心理状態を示します（Parker & Griffin、2002）。Parker らは、伝統的な男性支配の中で働く女性は、ジェンダー・ハラスメントを受けることにより、組織に受け入れられようと過大な職務遂行要求を生起させ、その結果として精神的苦痛を高めていると考え、イギリスの警察組織で働く男女の警察官を対象に調査を実施しました。分析の結果、女性がジェンダー・ハラスメントを受けることによって、過大な職務要求が引き起こされ、その結果、精神的苦痛を高めていることが確認されました。さらに Parker らは、女性がジェンダー・ハラスメントを経験し心にダメージを受けても、ジェンダー・ハラスメントを自分にとって害のあるものとは必ずしも認識していないことに言及しています。

　Parker らによるこの研究では、ジェンダー・ハラスメントを測定する項目として、次の 5 項目（Brown, Campbell, & Fife-Schaw、1995）が使用されています（訳は引用者による）。

　1. heard suggestive stories or jokes about your gender.（あなたの性別にまつわる意味深な話や冗談を聞いた）
　2. been subjected to practical jokes.（直接的に、悪ふざけの対象となったことがある）
　3. been called names with negative connotations.（嫌な意味のあるあだ名で呼ばれている）
　4. heard comments about the figure or appearance of other officers of your gender.（自分と同性の警察官の容貌や外見についての評価を話題にしているのを聞いた）
　5. heard suggestive comments or jokes about of your own figure or appearance.（自分の体型や容姿をほのめかすような悪口や冗談を聞いた）

これらの項目は、男女両方のジェンダー・ハラスメント被害に当てはまるように作成されています。

　日本の心理学領域では、ジェンダー・ハラスメントは、宗方比佐子により「性別に基づく差別的な言動や、女性を一人前扱いしない発言などによる嫌がらせ」と解説され、就業女性の多くが日常的に経験していることが指摘されています（宗方、2001）。ジェンダー・ハラスメントに関する調査・研究では、佐野幸子と宗方比佐子が、セクシュアル・ハラスメントの中で、日本の組織では発生しにくい対価型ハラスメント（性的強要、望まない性的注目）を調査項目から外し、頻繁に発生しているジェンダー・ハラスメント9項目を用いて、民間企業の社員を対象とした大規模な調査を行ないました（佐野・宗方、1999、表Ⅰ-1）。この研究では、セクシュアル・ハラスメントの被害者がほとんど女性であることを踏まえつつも、男女両方が加害者・被害者になりうることを前提として被行度・実行度について調査しています。調査の結果から、女性の90％がジェンダー・ハラスメントを受けていることが示されました。この結果は、ジェンダー・ハラスメントがほかのセクシュアル・ハラスメントに比べ最も頻繁に起こっているという、先行研究の結果に合致していました。一方で、男性の36％がジェンダー・ハラスメントを受けていることが示されました。

表Ⅰ-1 ジェンダー・ハラスメント尺度を構成する項目（佐野・宗方、1999）

　1.「男（女）のくせに」「女（男）みたい」などの発言

　2.「この仕事は女性には無理」「この仕事の担当は男性がいい」などの発言

　3. 男性は姓で呼ぶのに、女性を名（例「○子さん」「○○ちゃん」など）で呼ぶ

　4. 女性を姓名でなく、「うちの女の子」と呼ぶ

　5. 服装、髪型、化粧などについての意見を頻繁に言う

　6.「胸が大きい」「髪が薄くなった」など、体型や容姿についての発言

7.「それじゃ結婚できないよ」「旦那さん（または奥さん）に逃げられるよ」などの発言

8.「若い子はいいね」「おじさん」「おばさん」などの発言

9.「まだ結婚しないの」「どうして結婚しないの」などの発言

　角山剛、松井賚夫、都築幸恵は、日本の組織で発生しているセクシュアル・ハラスメントの原因と影響について、アメリカの先行研究を元に調査を実施しました（角山・松井・都築、2003）。その研究ではFitzgeraldらによる調査項目（Gelfand, Fitzgerald, & Drasgow、1995）を用いて、日本の女性従業員が経験するセクシュアル・ハラスメントを調査しています。その中で、ジェンダー・ハラスメントを測定するために次の5項目が使用されました。

　　1．性的なことを匂わせるいかがわしい話をされた

　　2．露骨に性的な話をされた

　　3．ヌードカレンダーなど、女性を差別するようなものを見せたり飾ったりした

　　4．女性であることを理由に差別的な扱いを受けた

　　5．女性を差別するような発言をされた

　調査の結果、日本におけるジェンダー・ハラスメントの発生率は5.83％から27.95％であり、米国の21.82％から50.82％と比較して低い値に留まったと報告しています。この原因のひとつとして角山らは、使用した質問項目が海外の文化に依存しており、日本の女性従業員のハラスメント体験にそぐわなかった可能性を挙げています（角山ほか、2003）。

　日本の心理学領域において、組織における女性へのジェンダー・ハラスメントに焦点を絞った調査研究はほとんどありませんが、「ジェンダー・ハラスメント」という言葉は使用していなくても、就業女性への性差別的な行為

に関する研究は、ある程度積み重ねられてきたといえるでしょう。

　例えば、心理学者の金井篤子は一連の研究において、働く女性は就業者の受ける一般的なストレッサーのほかに、女性特有のストレッサー（企業の女性能力使い捨て、企業の気配り期待、セクシャルハラスメント）にも晒されていることを明らかにしました（金井、1993；金井・若林、1991；金井・佐野・若林、1991）。ストレッサーとは、ストレス反応を生じさせる原因となる外的な圧力のことです。一般的には結果として生じたストレス反応とその原因であるストレッサーは同じ「ストレス」と表現されることが多いのですが、専門的には原因となる外圧は、ストレス反応と区別され、「ストレッサー」と呼ばれています。

　金井は、この女性特有のストレッサーを、女性のキャリア形成を押し留めるような外的圧力であるという観点から「キャリア・ストレッサー」と名付け、それが及ぼす影響を調査しました。その結果、キャリア・ストレッサーが働く女性の意識を引き下げ、職務満足感を低下させることが明らかになりました。このことから、女性の能力開発にはキャリア・ストレッサーを減らすことが重要であると述べています（金井、1993）。

（5）本書でのジェンダー・ハラスメント

　著者は心理学者の田中堅一郎とともに、ジェンダー・ハラスメントの先行研究を概観し、ジェンダー・ハラスメント研究の問題点を以下のように整理しました（小林・田中、2010；小林、2015）。

①ジェンダー・ハラスメントをセクシュアル・ハラスメントから切り離す必要性

　セクシュアル・ハラスメントは、「セクシュアル」の名のとおり、性的強

要といった性的欲求に関わるハラスメントが中心に据えられています。この中に性質の異なる性役割に関するジェンダー・ハラスメントを分類するのは無理があるため、それぞれを切り離し、別個の概念として扱うべきではないかと考えました。

②日本の文化に合わせた尺度の必要性

　例えば、ジェンダー・ハラスメントの頻度を測定するときに、「あなたはジェンダー・ハラスメントをどのくらい受けましたか？」という質問は基本的に行ないません。このような質問方法だと、まず調査側と回答者が考えているジェンダー・ハラスメントの意味が異なっている可能性があり、頻度を正しく測定できないからです。正確に測定するためには、その行為を抽象化した言葉ではなく、具体的な行為に嚙み砕いて質問する必要が出てきます。しかし、具体的に表される行為は、その国や文化によって意味付けが異なる場合があります。このため、アメリカで開発されたジェンダー・ハラスメントを測定する調査項目には、その国の文化や慣習に依存する項目が含まれる可能性があるのです。前述の角山らが指摘しているように、アメリカと比較して、日本のジェンダー・ハラスメントの発生頻度が著しく低かった調査結果は、アメリカで開発された質問項目を用いたということが理由として考えられます（角山・松井・都築、2003）。このような理由から、日本の組織で発生しているジェンダー・ハラスメントの頻度を測定するためには、日本の組織文化に根差した項目による尺度を開発する必要があるといえます。

③価値中立的な定義と項目が望ましい

　価値中立的とは、ある物事に対して「よい・悪い」「好き・嫌い」といった評価をしないということです。事例の中で述べたように、ジェンダー・ハラスメントに該当するような行為は、行為者からも受け手からも必ずしも否定的な経験だと捉えられていないことが多々あります。そのため、性別を理

由にからかわれて嫌だったとか、性別にまつわる不快な冗談を言われたという質問でジェンダー・ハラスメントの経験を問うたとしても、回答者はその経験をジェンダー・ハラスメントとカウントしていない場合が多いのです。一方で、行為が行なわれた当時にジェンダー・ハラスメントと見なさなかったからといって、悪影響がないということにはなりません。後述しますが、ジェンダー・ハラスメントの経験による悪影響は、それを不快に思うかどうかにはあまり関係ないのです。このような理由から、ジェンダー・ハラスメントの測定には価値中立的な質問が必要となると考えられます。

④先行研究の定義では同性間の行為を想定しづらい

ジェンダーに基づくハラスメントは異性間と同じくらいの頻度、あるいはそれ以上の頻度で同性間でも発生しています。これは①と関連しますが、性的な欲求に基づくセクシュアル・ハラスメントの概念や定義では、同性間で発生するジェンダー・ハラスメントを説明しきれないのではないかと考えました。

以上の理由から、著者と田中は、ジェンダー・ハラスメントを「ジェンダーに基づく役割を他者に期待する行為」と再定義しました（小林・田中、2010 小林、2015）。そして、この定義に基づいて、日本の就業女性が男女から受けるジェンダー・ハラスメント測定尺度を作成しました。ジェンダー・ハラスメントはジェンダーに基づく役割期待ですので、男女両方が被害者にも加害者にもなりえます。もちろん、性自認が男女どちらかに属さない人も、「生物学的性別」やいわゆるフェミニン、マスキュリンといった外見的性別によって、組織で性役割を押しつけられることが想定され、ジェンダー・ハラスメントのターゲットとなりえますが、これらの研究では、就業女性のジェンダー・ハラスメント被害に焦点を絞り検討を行なっています。その理由については、ほとんどの組織が男女二元制を前提としており、就業男性が主とし

て経験するような「過大な期待」を中心とするストレスは、現在の日本の職場のストレス研究やストレス対策で既に重要な問題として取り上げられているからです（中野、2008）。このことは、就業男性が日々晒される、「男ならやってみろ」という言葉に代表される役割期待と、一人前の仕事人として就業者に期待される役割はある程度一致しており、ストレス研究の中で既に論じられていることを意味します。一方で、多くの就業女性が経験するような「重要な経験を積ませてもらえない」「何年経っても一番下の地位に留め置かれる」というストレッサーは、あまり注目されてこなかったといえます。中野の指摘のように、「自分があまり期待されていない」ということを、自分の気持ちの中で整理しながら働くことは心痛を伴い、ストレスの原因になりうるという観点が日本のストレス対策には欠落しています（中野、2008）。

　そこで本書では、職場のジェンダー・ハラスメントを就業女性が経験する行為に絞り、それに関する問題と改善策を中心に述べていくことにします。

Ⅱ　ジェンダー・ハラスメントに関する実証研究

1. はじめに

　前章の「ジェンダー・ハラスメントとは」では、職場のジェンダー・ハラスメントがどのようなものであるか、また、そのような行為が社会の中でどのように位置づけられてきたかについて述べました。さらに、ジェンダー・ハラスメントはセクシュアル・ハラスメントの一形態として分類されてきたという経緯と、それに関する問題点について触れ、ジェンダー・ハラスメントを、セクシュアル・ハラスメントとは別の種類の言動として位置づけました。

　現在、職場でのジェンダー問題を扱う書籍の中で、就業者個々人の心理や行動のデータを収集して分析した結果を記述しているものはあまり見られません。また、セクシュアル・ハラスメントとジェンダー・ハラスメントの関係については、両者を異なるものとして扱うべきであると論じはしても、実際にデータを取り客観的に分析した結果を元にそれを論じている研究は（2021年12月25日時点では）見当たりませんでした。

　そこでここでは、就業者のデータによる客観的な視点に基づいて、職場のジェンダー・ハラスメントはどういうものなのか、またどういう影響があるのかについて紹介していきます。まず、ジェンダー・ハラスメントはセクシュアル・ハラスメントの種類のひとつという従来の捉え方ではなく、関連はあっても別のものであることを検討した研究結果を紹介し、さらに、就業女性へのジェンダー・ハラスメントがどのような影響を及ぼすかを調査・分析した結果を紹介します。

2. 職場のジェンダー・ハラスメントの実態を明らかにする

(1) ジェンダー・ハラスメントを測定するために

　職場の女性たちは、どのようなジェンダー・ハラスメントに日々晒されているのでしょうか。また、そのような行為はどのくらいの頻度で起こっているのでしょうか。それを明らかにするためには、ある人にとってはジェンダー・ハラスメントとなり、別の人にはジェンダー・ハラスメントにならないということがないように、客観的にジェンダー・ハラスメントを定義しなければなりません。

どんな行為をジェンダー・ハラスメントと呼ぶか？

　ある行為がハラスメントに該当するかどうかの問いに対して「相手がハラスメントと感じれば、それはハラスメントです」と答える人がいます。このようなやり取りが生じる背景には、受け手がハラスメントと捉える行為でも、行なう側には悪気がなく、自分の行ないをハラスメントとは露ほども思っていないケースが頻繁に起きているからでしょう。

　著者は、受け手がハラスメントと感じるかどうかでハラスメントの成立が決まるという解釈は、ひとつの目安として否定するつもりはありません。しかし一方で、ハラスメントの成立を受け手の知覚のみに依存するのではなく、何がハラスメントにあたるのかを予め明確に定義して理解を促していこうとする努力は惜しむべきではないと考えます。なぜなら、ハラスメントという概念の確立と普及は、社会からこういった問題を少しでも減らしていこうという試みだったはずで、ハラスメントが起きてから、その行為者を糾弾することが目的ではないからです。職場のジェンダー・ハラスメントをなくして

いくためには、その行為を予防する必要があり、それには、どういう行為が
なぜいけないのかを予め明確にしておく必要があるのです。もちろん、近年
の雇用形態の多様化や情報技術の進展により、何が職場のジェンダー・ハラ
スメントにあたるかはさらに曖昧となり、それらすべてを網羅して定義する
ことはますます困難になってきました。例えば、自宅でのオンライン会議の
やり取りの中での行為や、正式な雇用関係にない間柄の強い立場の者から弱
い立場の者が受ける行為、選挙の候補者が有権者から受ける行為など、仕事
をする上でのジェンダーに関連する新たな問題が次々と浮上しています。こ
れらの行為は必ずしも古典的なジェンダー・ハラスメントの定義には当ては
まらないかもしれません。しかし、そうであったとしても、どういう行為が
なぜいけないのか、どのような悪影響を与えるか、なぜ抑止していこうとし
なければならないかを解明していくことは、ジェンダー・ハラスメント防止
の第一歩になると考えます。

　そこでこの章では、就業女性の経験するジェンダー・ハラスメントをどの
ように定義してきたか、どの程度発生しているか、どのような悪影響がある
かについて、心理学の応用領域として著者が実際の職場で調査・研究を行なっ
てきた結果を紹介します。

就業者へのインタビュー

　前章で指摘した問題点から、著者らは、職場のジェンダー・ハラスメント
を職場で「ジェンダーに基づく役割を他者に期待する行為」と改めて定義し
ました（小林・田中、2010）。この定義に従えば、ジェンダー・ハラスメント
とは、就業者を「男性」と「女性」という2分法で分割し、「男性」「女性」
に紐づけられた職務役割をそれぞれの就業者に固定していく行為という意味
になります。このような行為を不適切と判断する人もいれば、そうでない人
もいるでしょう。そこで、不適切と感じたかどうかは脇においておき、ひと
まずそのような行為を経験したかどうかについてのみ回答を得ることにしま

した。しかし前述した先行研究のジェンダー・ハラスメントの調査項目では、「性別にまつわる不快な冗談をいわれた」「女性であることを理由に差別的な扱いを受けた」などといった質問項目を使用しています（例えば、Gelfand, Fitzgerald, & Drasgow、1995）。「不快」か「差別的」かは受け手の知覚や判断に依存しますので、その質問では行為の有無だけではなく、その行為が「不快」「差別的」であったかどうかの判断も入り混じった回答になります。後述しますが、一般的に「差別的」と見做されるような経験をした女性であっても、その経験を「不快」「差別的」と捉えていない、言語化しないことはよく起こることなので、ハラスメントそのものの頻度を測定し損なう可能性があります。このような理由から著者らは、調査項目が回答者に主観的判断を求めない表現となるよう工夫しました（小林・田中、2010）。

　著者らの調査では、この定義（ジェンダーに基づく役割を他者に期待する行為）に基づいて、まず就業者男女ふたりずつに対し、半構造化面接法という手法によるインタビューを行ないました。この方法は、質問をある程度決めておき、回答者の反応を見て質問を柔軟に変えていく形式です（質問が決まっている形式は構造化面接といいます）。まず、「あなたの職場での出来事についてお話ししてください」とインタビュイーに依頼しました。そして、女性の面接協力者へは「あなたは今まで同僚の男性と違った扱いを、上司や同僚の男性や女性からされたことがありますか？」また、「あなたは今まで同僚の男性と異なった扱いを、同僚の女性に対して行なったことがありますか？」と尋ねました。協力者が男性の場合は「あなたは今まで職場の女性に対して、男性とは異なった扱いをしたことがありますか？」と尋ねました。また、男女どちらに対しても、それらの経験があった場合には、「それは具体的にどのようなことですか？」と尋ね、具体的情景を語ってもらいました。

　これらの結果を元に、就業女性が経験するジェンダー・ハラスメントの質問項目を収集しました。

（2）ジェンダー・ハラスメントのふたつの側面

　収集された内容は、大きくふたつの態様に分けられました。ひとつは就業男性に対してはしない行為を、就業女性に対しては「する」といった行為で、もうひとつは就業男性にはするが就業女性には「しない」といった行為です。両者の具体的内容を見てみると、前者は、「女であることをことさら強調する」「細かい仕事を割り当てる」などの女性特有と見なされている役割期待であり、後者は、男性特有とされる「リーダー」「難しい仕事」といった役割を女性には期待しない行為でした。前者は目に見える言動として表出されているので理解しやすいですが、後者は「されない」「しない」という消極的な行為を示しているので見落とされがちです。具体的には、上司が男性部下に対してリーダーシップや重要な仕事の経験を積ませようと働きかける一方で、同じ年数地位であっても女性にはそういった行ないは期待しない（行なわないことを期待する）という状況を表しています。これは「行為」とは何かということにつながります。「行為」は動いている動作だけを示すものではなく、「しない」ことも含まれると解釈することが可能です。そして、この「しない」といった行為は、ジェンダー・ハラスメントを考えるときに見落とされがちな、もうひとつの側面であると考えました。「する」「しない」という行為は、法律用語では「作為」「不作為」と呼ばれています。例えば、前を歩いている見知らぬ人が何かを落とし、それに気付かずに歩き続けていたとします。その人に落とし物をしたと伝えるという行為は積極的動作を伴う行為であり、「作為」に該当します。一方で、伝えないという行為もあります。これは「しない」という種類の行為であり「不作為」と呼ばれます。

　職場においては、嫌なことをする（される）という積極的な動作だけでなく、ほかの人は当然にしてもらえるのに、自分にはしてもらえないという経験が

あり、それによって反射的な不利益を被ることが多々あります。例えば、ジェンダー・ハラスメントの文脈では、上司が男性部下に積極的に声を掛け、重要な顧客訪問に男性部下を帯同する一方で、その部下と同じ勤続年数・地位の女性部下に対しては、そういった働きかけをせず、もとより意識の中から除外しているような場合が挙げられます。これによって就業女性は仕事の重要な局面で頭数に入れてもらえなかったり、貴重な経験を積むチャンスを敢えて与えられなかったりするのです。このように、就業女性の経験するジェンダー・ハラスメントを論じるにあたっては、具体的に「する（される）」という経験のみならず、「しない（されない）」といったもうひとつの行為の側面にも着目すべきであると、著者は述べました（小林、2015）。

ジェンダー・ハラスメントへの両極の態度

さらに特筆すべき点として、著者はこれらの行為に対して調査協力者は両極の態度を示したと考えています。それらは、「職場で男女に分けて仕事を与えるのは当たり前なのでは」「若い女性が上司から何かと気に掛けられ、構われているのはほほえましいことだ」といったような肯定的な回答が続く場合がある一方で、「その人の能力や意思を確かめることなく、男女を一律に分けて処遇するのは性差別に他ならない」「これはアメリカだったら立派な雇用上の性差別じゃない？」「経験的にリーダーに向いている男性が多かったということと将来に向かってそのとおりに男女で仕事を振り分けるということを一緒にしてはいけない。リーダーに向いている女性を職場が排除することになるから」といったように、否定的な回答が続く場合も多くありました。この結果から著者は、性別によって仕事を振り分けることに対する個人の態度は、両極に分離されたと指摘しました（小林、2015）。

まず著者らは、インタビューによって収集されたジェンダー・ハラスメントの項目を、「作為」と「不作為」のふたつの態様に大別しました。作為は、「女性にお茶くみや雑用をする役割を期待する」「女性の仕事を評価するとき、

女性の特性を強調する」「女性に対し、職場の花としての役割を期待する」などの7項目、不作為は、「重要な仕事や交渉事は女性には無理なので、女性には期待しない」「同じくらいの年数・地位の男女がいたら、女性をより低く扱う」などの6項目となりました（小林・田中、2010）。ジェンダー・ハラスメント測定尺度が巻末に収録されているのでご参照ください（170頁）。

さらにこの研究では、ジェンダー・ハラスメントの項目群が客観的にもふたつに分割できることを、データ分析の結果から確認しています。収集された質問項目を使用して就業者354名について調査し、ジェンダー・ハラスメントの項目がどのように分類されるかを因子分析という手法を用いて検討しました。その結果においても同様に、ジェンダー・ハラスメントの行為の内容は「作為」「不作為」といった行為の形態によってふたつに分類可能であることが示されました。分析にご関心のある方は、小林・田中（2010）、小林（2015）の分析結果を参照してください。

ジェンダー・ハラスメントはどのくらい発生しているか

それでは、女性に対するジェンダー・ハラスメントは職場でどのくらい発生しているのでしょうか。少し古いデータになりますが2009年1月～3月に民間企業や公組織に所属する女性249人を対象に行なった調査では、女性特有の役割を期待する行為（ジェンダー・ハラスメント作為）を84.0％の女性が受けており、男性に期待するような重要な役割から女性を除外する行為（ジェンダー・ハラスメント不作為）を54.5％の女性が経験していると報告されています（小林・田中、2010）。また、2009年の8月から9月に行なったインターネット調査では、「お茶くみや雑用をする役割を期待される」経験の問いに対し、「頻繁にあった」と回答した女性は22％、「しばしば経験した」と回答した女性は18％、「たまにあった」と回答した女性は23％でした。「同じくらいの年数・地位の男性よりも、低く扱われる」経験の問いに対し、「頻繁にあった」と回答した女性は13.6％、「しばしば経験した」と回答した女

性は 13.8%、「たまにあった」と回答した女性は 22% でした（小林、2015）。

(3) セクシュアル・ハラスメントとは違うのか？

　現在、多くの職場のジェンダー・ハラスメント対策は、セクシュアル・ハラスメント対策の中で行なわれています。それは、前述したように、ジェンダー・ハラスメントがセクシュアル・ハラスメントの中のひとつの形態と捉えられているからです。本書では、このふたつを関連はあっても異なる行為として扱うと述べました。小林・田中（2010）では、このふたつが別のものであることを、就業者から収集したデータを分析し検証することを試みました。

　この研究では、ジェンダー・ハラスメントに該当する行為の経験とセクシュアル・ハラスメントに該当する行為の経験を回答してもらい、それらがどのくらい連動して発生しているかを調べました。両者それぞれが独立して起こっているならば、別々のものと考えた方がいいでしょう。そうではなくて、両者が互いに伴って発生していることが多ければ関係が強い行為と考えられ、同じ種類の行為として分類してもいいと考えられます。しかし、強弱は相対的なものであって、何か別のものと比較して初めて関係性の強さが分かるのです。そこで、著者らは先行研究のモデル（Lim & Cortina、2005）を応用し、職場のいじめというより広い問題の中で、ジェンダー・ハラスメントとセクシュアル・ハラスメントの関係を捉えようと試みました（小林・田中、2010）。つまり、ジェンダー・ハラスメントもセクシュアル・ハラスメントも大きく考えれば、職場のいじめや不適切な行為のひとつの要素や種類といえます。そこで、職場で同じように発生している一般的な嫌がらせであり、性別を問わない「職場の無作法」を比較に用いて、ジェンダー・ハラスメントとセクシュアル・ハラスメントの関係性の強さを相対化してみました。因みに「職

場の無作法（workplace incivility）」とは、「相手を傷つける意図が曖昧な、強烈さの度合いの低い逸脱行動」と定義され（Andersson & Pearson 、1999）、「自分の発言にほとんど注意を払われなかったり、自分の意見にほとんど関心を示されなかったりした」「公的な、あるいは私的な場面で、ずうずうしい言葉使いで話し掛けられた」「職業上の友愛関係から除外されたり、無視されたりした」といった項目で測定されています（Cortina, Magley, Williams, & Langhout 、2001）。ジェンダー・ハラスメントとセクシュアル・ハラスメントの関連を検討した結果を図で表すと図Ⅱ-1のようになります。著者らの分析結果からは、ジェンダー・ハラスメントとセクシュアル・ハラスメントとの関係の強さ（①）は、ジェンダー・ハラスメントと職場の無作法（一般的ないじめ）の関係の強さ（②）と比較して強くはありませんでした。その結果から、ジェンダー・ハラスメントはセクシュアル・ハラスメントと区別す

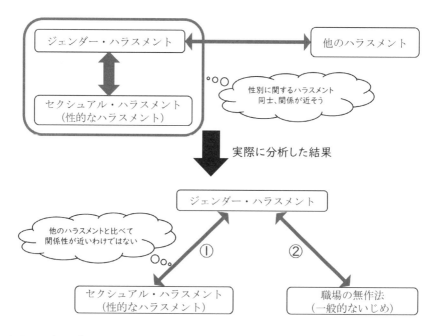

図Ⅱ-1　ジェンダー・ハラスメントとセクシュアル・ハラスメントの関係

るべきであると著者は述べました（小林・田中、2010）。

3. ジェンダー・ハラスメントにはどのような影響があるか

　ここからは、ジェンダー・ハラスメントがそれを受ける就業女性にどのような影響を及ぼすかについて説明していきます。

　ジェンダー・ハラスメントに関連する研究自体が少ないため、それが被害者に及ぼす影響に焦点を絞り検討した研究はさらに少ないといえます。その中において、前章で紹介した Piotrkowski、および Parker らの研究は、ジェンダー・ハラスメントの影響を実証した研究として先駆的といえます。Piotrkowski は、ジェンダー・ハラスメントを受けることによる職務満足の低下や精神的悪影響を、白人女性と人種・民族的マイノリティ女性の比較により調査しています。調査の結果、72％の就業女性がジェンダー・ハラスメントを受けており、その被害の頻度に人種的な差は確認されなかったと報告しています。また、ジェンダー・ハラスメントが及ぼす悪影響についても、人種による違いは確認されませんでした。ジェンダー・ハラスメントの経験は、人種にかかわらず、等しく被害女性の職務満足を低下させ精神的苦痛を高めることが示されました。特筆すべき点として、ジェンダー・ハラスメントをたまにしか受けていない女性であっても、精神的苦痛が高まり、全く受けていない女性のそれを大きく上回っていたことを挙げています。それによって、ジェンダー・ハラスメントはたとえ頻度が高くなくても、与える影響が深刻であると述べています（Piotrkowski、1998）。

　Parker らは Piotrkowski の知見を発展させ、働く女性がジェンダー・ハラスメントを受けることで及ぼされる心理的影響の過程を明らかにしました。彼らは、伝統的に男性優位な警察のような組織の女性たちは、自分の仕事を男性の仕事よりも価値の低いものとして知覚し、男性以上に自身の能力を証

明し続ける必要に駆られることで悪影響がもたらされると考えたのです。Parker らは、こういった立場におかれた女性たちの心理状態を過大な職務遂行要求（overperformance demand）と表現しました。そしてイギリスの警察組織において調査した結果、ジェンダー・ハラスメントを受けることによって、女性は過大な職務遂行要求を高め、結果として心理的なダメージにつながることを明らかにしました。一方で、男性が同じような行為を受けても、過大な職務遂行要求や心理的苦痛には結びつかないと述べています。これについて Parker らは、同じ行為であっても、それを受ける人がどのような集団に属するかにより、違った意味を持つためであると考察しています。つまりジェンダー・ハラスメントは、組織から必ずしも歓迎されていない少数派である女性には、自身の立場を弱める、脅迫めいた意味を持ち、セクシャリティを強調する結果となりますが、組織で力を持った多数派に属する男性にとっては、「一人前の男」として認められ、男性文化に受け入れられている証としての意味を持つ可能性もあるのです（Parker & Griffin、2002）。

　これは、ジェンダー・ハラスメントの持つ、性別による非対称性を示しています。同じ行為でも性別によって違う意味を持つため、男性が自分の性別を女性に置き換えてみても、女性の被るジェンダー・ハラスメント被害の深刻さをにわかには理解できないのです。それが、この問題への対策が進まない原因のひとつとなっていると考えられます。他方、多数派といわれる男性であっても、皆がこの種の被害に遭っていないとは限りません。男性に紐づけられた役割の押し付けに傷つく人もいます。そうした被害や影響を調べる場合は、男性に特化して設計されたジェンダー・ハラスメントの調査項目が必要となります。

（1）ジェンダー・ハラスメントを不快と言わない女性たち

　本書の読者は、ジェンダーを取り巻く問題に多少なりとも関心があると予想されますので、ジェンダー・ハラスメントを不快と思わない人が多く存在することを想像しにくいかもしれません。しかし、実際にはこういった問題に関心のない人は男性にも女性にも意外と多く、ジェンダー・ハラスメントについてあれこれ考えることも他人から指摘されることも、煩わしく感じる人も中にはいるようなのです。

　著者は以前行なった調査の中で、ジェンダー・ハラスメントに該当する行為を受けたことがあると回答した女性に対して、その行為を「偏見に基づいた行為であり、不快なものである」と思うか質問したことがありました。結果は、「そう思う」と回答した人が21人（17.2％）、「いくつかはそう思うが、そう思わないものもある」と回答した人は73人（59.8％）、「そう思わない」と回答した人は28人（23.0％）でした（小林、2009）。つまり、ジェンダー・ハラスメントに該当するような経験を、偏見であって不快なものであるとは思っていない人が、思っている人を上回っていたのです。

　著者には、回収した調査票に回答者からの手紙が入っていた経験が多々あります。その多くは「是非、結果をフィードバックしてほしい」「こういった調査は、女性の就労環境の改善のために大変意義があると思う」といった内容であり、大変励まされました。一方で、調査票の余白部分に「こんな調査をして一体何になるんですか！」と書かれていたり、「質問項目はどれも性差別的な行為です。あなたは性差別主義者ではないですか！」と書かれた手紙が調査票に同封されたりしたことがありました。これらは、性差別を受けた経験の有無を調べようとする人に対して反感を持つ女性が、一定程度いることを示しています。推測の域を出ませんが、そのような女性たちは、ジェンダー・ハラスメントに該当する行為を受け、心の底では不快だと感じていても、それを不快であるとか性差別的であるといった言葉で表現されるのを

嫌がるのだと思われます。自分が性別によって差別をされているとしたら、将来も変わらず差別を受ける可能性があるので、差別されていることを認めたくないからでしょう。また、上司や同僚の行為が性差別的で不快であったことを認めると、仲間であり味方であるはずの人が同時に性差別を行なうという、一見矛盾する情報を抱えることになるからです。そこで、自分の経験が性別に起因する差別であることから目を背け、行き場のない怒りの矛先を、性差別を可視化しようとする調査者に向けたのだと推測されます。著者はこのような経験から、ジェンダー・ハラスメントの蔓延する組織で働く女性たちの抱える重大な問題は、それを受けた事実だけでなく、「自身の経験を性差別だったと表出することが難しい」という点だと考えるに至りました。

(2) 不快でなければよいのか？

　それでは、ハラスメントをハラスメントと考えない人は、ハラスメントの悪影響から自由でいられるのでしょうか？　よく「ハラスメントは気の持ちようだ」という言説を耳にします。これは、嫌だと思うからますます嫌悪感を抱き心身に不調をきたすのであって、反対に嫌なものと捉えずに受け入れれば、ハラスメントを受けてもそれほど悪影響は生じないはずだという主張です。ハラスメントの悪影響を論じる際には、それが経験を否定的なものに位置づけることから生じるのか、それとも、行為の経験そのものから生じるのか、といった議論は必要でしょう。

　このような問題は、心理学の領域では「ラベリング」といった観点から検討されています。セクシュアル・ハラスメントの悪影響は、それを「ハラスメント」とラベリングする、つまり命名することから生じるのか、それともラベリングしなくても受けた経験から生じるのか、という視点です。

　これについて、アメリカの組織を対象とした調査が実施され結果が報告さ

れているので、ここでご紹介します（Magley, Hulin, Fitzgerald, & DeNardo、1999）。まず、就業女性に対し、セクシュアル・ハラスメントに該当する経験を受けたかどうかを具体的に尋ね、次に、それらの行為を受けていると回答した女性たちに、今度は「あなたはセクシュアル・ハラスメントを受けたことがありますか？」と質問しました。これによって、自分の受けた行為をセクシュアル・ハラスメントとラベリングしているかどうかを確認しました。回答を分析した結果、ハラスメントを受ける頻度が高くなるにつれ職務満足の低下や心身の悪影響が認められました。一方で、ラベリングしたかどうかでの違いは確認されませんでした。なお、米軍の組織を対象にセクシュアル・ハラスメントのラベリングの影響を調査した報告もあります（Munson, Miner, & Hulin、2001）。その結果でも、セクシュアル・ハラスメントを受けることによる仕事への影響は確認されましたが、ラベリングによる影響は確認されませんでした。これらのことから、セクシュアル・ハラスメントから生じる悪影響は、それをハラスメントであると捉えることから生じるわけではないことが分かります。つまり、自身のハラスメント経験を「ハラスメント」であったと表明せず、大したことではないと言い聞かせていたとしても、その経験は悪い影響を及ぼす可能性があることになります。ハラスメント被害者の訴えは、「気の持ちよう」に左右される問題ではないのです。

　日本の就業女性を対象としたハラスメントのラベリングを扱った研究は現在のところ見当たりませんが、ジェンダー・ハラスメントに対する不快感に着目した著者らの研究結果を紹介します。著者は就業女性のジェンダー・ハラスメントへの不快感に併せて、就業女性の年齢、仕事へのやる気を調査しました（図Ⅱ-2）。仕事へのやる気には「将来昇進したいかどうか（昇進の意思）」と「職場で能力を高めて仕事に活かしたいか（能力発揮の意思）」のふたつの項目を使用しました。その結果、図Ⅱ-2のとおり、ジェンダー・ハラスメント作為に関しては、年齢が高いほど、昇進の意思が強いほど、不快感が高いという結果となりました。また、ジェンダー・ハラスメント不作為に関し、

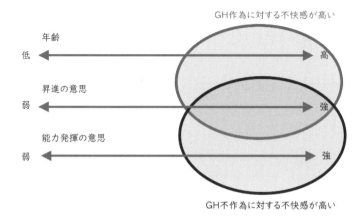

図Ⅱ-2　ジェンダー・ハラスメントに対する不快感
註）図Ⅱ-2は、小林（2015）、小林・田中（2012）の図を元に作成しました。

ては、昇進の意思が強いほど、能力発揮の意思が強いほど、高い不快感を示しました。そして、年齢が高い女性ほど、ジェンダー・ハラスメント作為について不快であるという結果は、女性が職場で経験を積み仕事に熟達するほど、不愉快な職場環境におかれなければならないということを示しています。さらに、ジェンダー・ハラスメントへの不快感と昇進の意思、能力発揮の意思の関連からは、いわゆる「やる気のある女性」ほど、ジェンダー・ハラスメント作為・不作為の両方を不快と感じている可能性が高いことが示唆されました（小林、2015；小林・田中、2012）。このような調査結果から、ジェンダー・ハラスメントを放置すると、生産性の高い女性社員ほど、能力が使われることなく潰されていく可能性があるといえるかもしれません。

　さらに、著者らの研究チームは、ジェンダー・ハラスメントを受けた頻度とそれへの不快感が精神的健康状態に及ぼす影響を調査しました（小林、2015；小林・田中、2012）。図Ⅱ-3、Ⅱ-4は、それぞれジェンダー・ハラスメント（GH）作為、不作為が精神的健康に及ぼす影響を表しています。

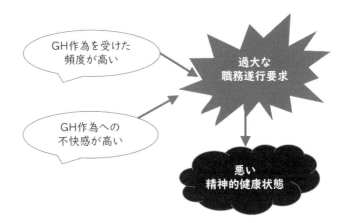

図Ⅱ-3　ジェンダー・ハラスメント作為が精神的健康に及ぼす影響
註）図Ⅱ-3は、小林（2015）、小林・田中（2012）の図を元に作成しました。
※過大な職務遂行要求：職場に受け入れられるためには、過剰に頑張らなければならないと知覚すること

図Ⅱ-4　ジェンダー・ハラスメント不作為が精神的健康に及ぼす影響
註）図Ⅱ-4は、小林（2015）、小林・田中（2012）の図を元に作成しました。

　ジェンダー・ハラスメントは、女性を若さや可愛さでもてはやす一方、重要な役割から除外し、職場の女性たちの能力を低く評価する言動です。この

ため、ジェンダー・ハラスメントを受けると、職能を低く評価されたと知覚し、自分の能力を証明し続けるよう駆り立てられます。これは前述した「過大な職務遂行要求」です。これらの図は、ジェンダー・ハラスメントの経験の頻度と不快感が「過大な職務遂行要求」と「悪い精神的健康状態」にどのように影響しているかを調べた結果を表しています。

　図Ⅱ-3のジェンダー・ハラスメント作為は、女性特有の役割を期待されるという行為です。ジェンダー・ハラスメント作為を経験した頻度やそれに対する不快感は、直接的に精神的健康状態を悪化させるのではなく、「過大な職務遂行要求」を高めることで、悪い精神的健康状態につながることが示されました。図Ⅱ-4のジェンダー・ハラスメント不作為は、男性特有の中心的役割を女性には期待しないという行為で、ジェンダー・ハラスメント作為とは結果が少し異なりました。ジェンダー・ハラスメント不作為は、それを経験する頻度が高いほど「過大な職務遂行要求」を高め、間接的に悪い精神的健康状態につながるとともに、その経験が直接的にも悪い精神的健康状態につながることが示されました。さらにこの調査では、ジェンダー・ハラスメント不作為の経験をした女性は、それを不快な経験と捉えないほど悪い精神的健康状態になっていることが分かりました。この結果を少し意外に思う人が多いのではないでしょうか。それは、ジェンダー・ハラスメントをハラスメントだと訴える人に対しては、「そんな風に大袈裟に騒ぎ立てるから、ますます嫌な気持ちになるんだ」と考えるのが一般的だからです。しかし、データは全く逆の状態を示していました。すなわち、ジェンダー・ハラスメントに該当するような行為を「不快ではなかった」と答えた人の方が、実は、精神的健康状態が悪いということです。「それは私にとっては些細なことだった」「不快な経験ではなかった」と自らに言い聞かせ、自分の心に蓋をして、無理を重ねた結果ではないかと推測されます。ただし、これらの調査結果は1回の調査に基づくものなので、信頼性を高めるために繰り返し同様の調査をして結果を確認する必要があります。しかし、いずれにしても、ジェンダー・

ハラスメントを個々の就業者の「気の持ちよう」であると簡単に片づけるの
は誤りといえます。

Ⅲ　ジェンダー・ハラスメント防止研修の実施

1. はじめに

　理論編では、職場におけるジェンダー・ハラスメントがどのように定義され、研究の対象とされてきたかについて述べました。その中で、ジェンダー・ハラスメントの被害女性は必ずしもそれを不快な行為だったと受け止めていないこと、さらに、不快と感じるかどうかに関係なく悪影響が及ぶ可能性に言及しました。言い換えると、就業女性たちの中にはジェンダー・ハラスメントに該当する行為を不適切であるとか、性差別的であるとは考えていない人が多くおり、しかしそういう人であっても、実は知らず知らずのうちに深く傷ついているかもしれないということです。このように、被害女性にも無自覚な人もいるのですから、行為者に悪意がないのはなおのこと、職場のジェンダー・ハラスメントは不適切な行為とはあまり認識されていないのです。

　それでは、就業者の心の安寧を保つために、このような厄介な行為を、どうやったら減らしていけるのでしょうか。もしも、誰が考えてもそれは不快だと想像できるような言動であれば、「人が嫌がりそうなことはやめましょう」と啓発したり説得したりすることに、一定程度の効果が期待できます。説得に応じずに行為を繰り返す人には、周囲の冷ややかな視線が注がれることになるからです。しかし、ジェンダー・ハラスメントでは、そういった効果はあまり期待できません。「性役割の押し付けは不適切です」「私はそういったことをされるのがとても嫌です」と上司に訴えたところで、女性には女性の特性が、男性には男性の特性があるのは自然なことだから、男性にはリーダー、女性には細かい仕事を割り当てるのは理に適っているし、女性の若さや容姿を褒めるのは自然なことだと言い返されてしまいます。さらに、「ジェンダーや性差別に敏感すぎるのはいかがなものか。嫌な気持ちになったとしたら、それはあなたの気持ちの問題でしょう」と、個人の受け取り方の問題

に帰結されることもあるでしょう。

　このように、ジェンダー・ハラスメントがよくない行為だといくら言葉で訴えても、相手の心には届かないばかりか、かえって面倒くさい社員というレッテルを貼られてしまうかもしれません。ジェンダー・ハラスメントをやめましょうと訴えることは、その行為を抑止するのに不十分であり、ジェンダー教育が普及していない社会では逆効果になってしまうかもしれないのです。こういった問題を解決する手立てとして、著者は組織の研修について考えるようになりました。

　そこでこの章では、著者が行なってきた（あるいは協力者が行なった）ジェンダー・ハラスメント防止研修実施の試行錯誤の過程とその効果を分析した結果を紹介します。ひとつ目は理屈で理解を促す通常のスタイルの「企業研修」です。ふたつ目は笑いで共感を得ようとする「創作落語研修」です。そして３つ目は、前者ふたつのデメリットを解決しようとして実施した研修です。

　なお、それぞれの研修では効果を確かめるために研修で得られたデータに対し統計的な検定を行ないました。その結果、いずれも研修前よりも研修後でジェンダー・ハラスメント防止への理解が高まり、改善が見られました。分析結果の詳細にご関心のある方は、巻末に引用文献を掲載しているので適宜ご参照ください。

2. 理屈で説得することは有効か？
——企業研修の実施と研修効果の分析——

　著者は、ジェンダー・ハラスメントの悪影響のメカニズムのデータを示し理屈で説明することによって抑止への理解を促す研修を実施し、その効果について調べました。この研修では、「理論編」で紹介した内容（ハラスメント

を受けて不快だと思わない人への悪影響の可能性）を示し、ハラスメントは決して気持ちの問題ではないこと、職場においてはそのような行為を抑止することに合理性があるという認識を高めようと試みました。さらに、職場でありがちなジェンダー・ハラスメント事例をもとにグループ討議を行ないました。ここでは、著者が行なってきた企業向け研修で得た結果をひとつ紹介します。

　著者は2009年に埼玉県の従業員数600人規模の民間企業でハラスメント防止研修を実施しました。この研修は、中堅社員向けの人事研修として行なわれました。時間は2時間程度（午前9〜11時）で、参加者は30人でした。

　研修実施の効果の有無を確認するために、研修参加者に研修実施の前と後、さらに一週間後に質問紙調査の回答を求めました。

　研修は講義とグループワークで構成されました。講義では、まず著者が働く女性へのインタビューから得た事例の紹介を行ない、日本の就業女性が受けているジェンダー・ハラスメントの実態について説明しました。続くグループワークでは、紹介された事例の中からひとつを選択してもらい、それについて約20分間の討議をしてもらいました。討議では、事例の中の登場人物

写真 Ⅲ-1　著者が行なったある企業向けの研修風景

の立場に立ち、それぞれの人の気持ちを参加者に想像してもらいました。特に「なぜその人物が、そのような言動を行なったのか」、また「それを受けた側はどのように感じるだろうか」という点を中心に、ディスカッションしてもらいました。

使用した事例5点を以下にご紹介します。

事例1

あるときA子の職場の電話が鳴った。A子がたまたま電話に出た。相手は男性のようだった。その男性はA子の声を聞くや否や、「分かる人に代わってください」と、用件も言わずにA子に告げた。

A子は、「分かる人」とは何について分かる人のことなのか分からず戸惑った。電話の用件は、自分が担当している仕事の内容かもしれないし、あるいは直接の担当でなかったとしても、対応できる範囲である可能性もあると思った。

用件を全く告げないでA子の声を聞いただけで、「何のことであれあなたには分かるはずがない」とはじめから決めつけられたことに腹立たしさを覚えた。

事例2

B江の職場には、40代後半のベテランの先輩の職員C子がいた。その職場はC子よりも年下で役職が上の男性社員が多かった。そのような中でも、C子は毎日てきぱきと仕事をこなし、周囲から信頼を得ていた。

ある日B江が課長と雑談していたとき、C子の話題となった。課長は、自分と年齢がそれほど変わらないC子について、「女の子にしておくのはもったいない」と言って褒めた。B江は返答に窮した。

事例3

　ある日、課内の男性全員が出払っていて、たまたま女性のD子、E子だけがそこで仕事をしていた。そこへ他課の男性スタッフが用事でやって来た。

　彼は、課内を見渡してこう言った。「なんだ、誰もいないのか」。

　D子は、ふたりも課員が残っているのに、誰もいないとは一体どういうことなのか理解に苦しんだ。D子もE子もその課でも職場全体としてもベテランで、ほかの男性と同様、色々な仕事に精通していた。

事例4

　F子は出産後、1年間育児休暇を取り、仕事に復帰した。F子の職場は恒常的な残業はないものの、休日出勤があったり時期によっては残業が続いたりと、忙しい職場であったが一生懸命頑張っていた。

　ある日、彼女は所属部長から「奥様、奥様」と呼び止められた。そして1000円札を渡され、「私はお茶が好きなのに、この職場には急須がない。主婦なら毎日買い物に行くだろう？　だから、ちょっと寄って買ってきてくれないか？」と言われた。

　F子は毎日目の回るような、時間に余裕のない生活をしていた。終業後はいち早く保育園に子供を迎えに行かなければならないため、毎日買い物に行く余裕などなかった。赤ちゃん連れで買い物に行くのは大変だからだ。職場には、独身の後輩が男女数人いた。

事例5

　G子は30代半ばの中堅の社員である。ある日G子は、先日提出したレポートについて上司からこう言われた。

　「さすが女の子は、小さいころから国語の勉強を真面目にやるから、

文章が上手だね」

　そのレポートは、先日受けた仕事の法務研修についてまとめたものであった。G子にとってその研修は以前から興味を持っていた内容であり、研修には意欲的に取り組んだ。グループ討議では自分の意見を述べ、グループを代表して発表者も務めた。

　G子は、上司が自分のレポートを高く評価したのだということは分かったが、何か釈然としないものを感じていた。

　その後、各グループの代表者に討議の内容を発表してもらいました。続いて著者が「ジェンダー・ハラスメントが就業女性の精神的健康状態に及ぼす影響」というテーマでミニ・レクチャーを行ない、ジェンダー・ハラスメントを不快だと思わなくても悪影響が及ぼされることを、分析結果を元に解説しました。不快であることを参加者の感覚や感情に訴えるのではなく、データ分析の結果を示すことと、その後のグループ討議の話し合いによって、ジェンダー・ハラスメントに該当する行ないを抑止すべきであることへの理解を促す試みでした。

　また、女性同士のジェンダー・ハラスメントは、男性から女性に対するハラスメントと同じくらいの頻度で起こっていることもデータを元に説明しました。そして、女性同士の性役割の押し付け合いが、結果的に就業女性全体の昇進・昇格にも影響を及ぼしかねないことに言及しました。研修の流れは次のとおりです（表Ⅲ-1）。

表Ⅲ-1　研修の流れ

挨拶と事前説明（10分）
○挨拶
○研修の目的とアンケートのお願い・プライバシー保護についての説明

研修前アンケート用紙の記入と回収（10分）

事前レクチャー（30分）
○日本の就業女性の受けるジェンダー・ハラスメントについて
○働く女性へのインタビューから得た5つの事例の紹介

グループ・ワーク（20分）
紹介した事例の中から一つ選び、各グループで討議

休憩（5分）

発表（10分）
グループの代表者によるグループ討議の結果の発表

ミニ・レクチャー（30分）
○ジェンダー・ハラスメントとは
○心理学研究の定義と研究の紹介
○セクシュアル・ハラスメントとの違い
○ジェンダー・ハラスメントの及ぼす影響
　　調査結果から見えてくること
　　女性が女性に行なうジェンダー・ハラスメント
　　ジェンダー・ハラスメントが職場に蔓延すると
○女性が生き生きと働ける職場環境の実現のために
○ジェンダー・ハラスメントを受けてしまったら

研修後アンケート用紙の記入と回収（5分）
1週間後のアンケート用紙の配布と記入・提出のお願い

　研修によって参加者のジェンダー・ハラスメントについての意識に変化が生じたかどうかを確認するために、研修直前、研修直後、1週間後の3回、アンケートで測定することにしました。3回目の調査票は、研修の人事担当者を通じて各参加者に無記名で提出するように協力を求めました。

Column 1　研修の効果の測定にあたって

　研修の効果の有無を確認するために、参加者の意識を研修前後で比較することは必要ですが、さらに一定期間をおいてからもう一度調査することも、研修の成果を確認する上で重要です。なぜなら、研修の直後は研修参加者の気持ちが高揚していることが多いため、効き目が高めに現れている可能性があるからです。そのため、冷却期間をおいた後に同様の調査を実施して、研修直前と直後、研修直前と一定期間後の変化の度合いを確認することがより正しい効果の把握になると考えられます。こういったフォローアップのための調査は、1か月後、場合によっては半年後といったように、もう少し長い期間をおいて効果の持続を確認することが望ましいかもしれません。しかし、開催から長い時間が経つと、配布した調査票を紛失したり、回答するのを忘れてしまったりすることで、回収率の著しい低下が予想されます。回収数が少ないと、比較分析そのものが不可能となり、元も子もありません。また、あまり長い期間を空けてしまうと、研修の効果以外の影響（例えば、その間にテレビで関連する内容の番組を見るなど、研修実施以外からの影響）を受ける可能性があり、意識の変化があったとしても、それが研修による変化なのか、そのほかの影響によるものなのかを判別できなくなります。

　他方、研修を実施する企業側の事情を考えてみますと、本来生産活動にあてるための時間を割いて就業者を研修会に参加させています。ハラスメントの防止

は結局のところ生産性を向上させるのですが、多くの就業者がそのように理解しているとはいえない場合もあります。

　一口に研修効果の測定といっても、就業者からデータを取って分析する際には、このような問題を念頭におく必要があるのです。

　研修参加による意識の変化を測定するために用いたのは、ジェンダー・ハラスメント測定尺度（小林・田中、2010）です。この尺度は、ジェンダー・ハラスメントに該当するような言動を記述した13個の調査項目によって構成されています。研修は、これらの言動を不適切と思うように変化させることを目的としています。調査では、各々の言動に対し「職場において、どの程度不適切な行為と思うか」を1〜5点の5段階で評定してもらいました（170頁、付録1参照）。ジェンダー・ハラスメントに該当する言動が「防止すべき不適切な行為である」という理解が高まるほど、得点が高くなるように配点されています。

　付録1の1から7の項目は、「細やかな仕事」「気配り」といった女性特有と見做される役割を「する」ことを女性に期待する内容で、「作為」と名付けられています。これに対し、8から13までの6項目は、男性に向いているとされる「リーダー」「重要な仕事」を女性には「しない」ことを期待する、言い換えると、女性には「することを期待しない」という対照的な行為で、「不作為」と名付けられました。図Ⅲ-1は、参加者の研修前、研修後、1週間後の理解度の平均値の変化を表しています。

　図Ⅲ-1の左はジェンダー・ハラスメント作為、右はジェンダー・ハラスメント不作為のグラフで、それぞれ研修前、研修直後、1週間後の受講者の意識の変化を表しています。これらが示すように、研修前よりも研修後で数値が高くなっており、1週間後の数値の高さも、研修前より高く維持されています。

　研修の目的は、ジェンダー・ハラスメントに該当する行為が職場では不適

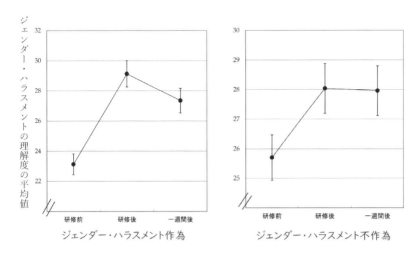

図Ⅲ-1 ジェンダー・ハラスメント作為・不作為の研修前、研修後、1週間後の意識の変化

切であるという理解を高めることであったので、研修の目的はある程度果たされたといえます。

　これらの結果は、研修によってジェンダー・ハラスメントに該当するような行為、すなわち「女性を若さや美しさでちやほやする」というジェンダー・ハラスメント作為や、「女性はリーダーには向かないと考え、初めから候補から除外する」というジェンダー・ハラスメント不作為といった行為が、職場では不適切な行ないであるという理解が高まり、その状態が一定期間持続していたことを表し、研修に効果があったことを示しています。

どんな人が提出を拒んだか

　ところで、この研修の参加者30名のうち29名が研修前、研修直後に調査票を提出してくれましたが、1週間後にも提出したのは23名でした。つまり、29名のうち6名が1週間後の調査票を提出しなかったということになります（図Ⅲ-2）。著者は、研修直前・直後の調査を研修時間中に会場内で行なったため、自然に調査票の提出を促すことができました。しかし、1週間保管

してから記入しなければならない調査票は、人事担当に提出するよう求めました。このため、提出するかしないかの判断は、研修参加者にある程度委ねられていたといえます（小林、2015）。そこで著者は、なぜその6名が調査票を提出しなかったのか、最後の調査票を提出しなかった人はどのような人かということが気になり、再度分析してみました（小林、2015）。

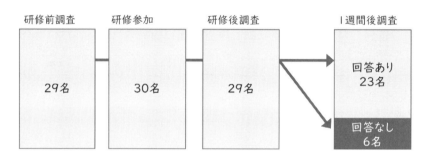

図Ⅲ-2　調査票回答者の人数

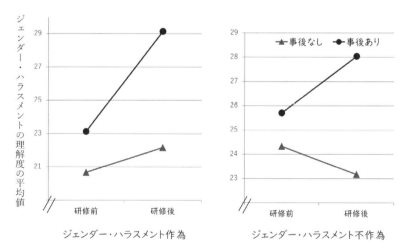

図Ⅲ-3 事後調査票の有無と研修前後のジェンダー・ハラスメント（作為・不作為）の比較
　※事後なし：1週間後の調査票を提出しなかった人
　　事後あり：1週間後の調査票を提出した人
　註）小林（2015）のグラフを元に作成しました。

図Ⅲ-3の左のグラフはジェンダー・ハラスメント作為、右はジェンダー・ハラスメント不作為です。これらのグラフは、参加者を1週間後の調査票を提出した参加者（23名）と提出しなかった参加者（6名）に分け、研修前と研修直後のジェンダー・ハラスメントの理解度の平均値を比較しています。

　まず、ジェンダー・ハラスメント作為のグラフでは、1週間後の調査票を提出した参加者は、研修後に理解度が上がっています。一方で、1週間後の調査票を提出しなかった参加者は、提出した参加者と比較して、あまり数値が上がっていないように見えます。ジェンダー・ハラスメント不作為は少し様相が異なりますが、統計的には同じような結果でした。すなわち、1週間後の調査票を提出した人としなかった人とでは、研修前では理解度に差がなく、研修に効果があった人は事後の調査票を提出したが、効果のなかった人は提出しなかったということでした。詳細については、書籍（小林、2015）を参照してください。

　以上のように、理屈で理解を促すことを目的とした企業研修では一定の効果が確認されましたが、一方で研修効果の上がらなかった参加者も少数存在したことが示され、課題も残りました。

受講者から寄せられた声

　ところで、本書で紹介した企業以外でも著者はいくつか講演を行なってきました。都合上、効果測定の調査を実施できない場合が多かったのですが、アンケートをしばしば実施し、講義の感想などを集めていました。そこに寄せられた著者への感想を一部紹介します。

　・自分のまわりにはいろいろなハラスメントがあり、それに気づいていない
　　ことが多いと思いました。男・女という区別ではなく人間として相手の人
　　格を認めていくことが大切だと思いました。今すぐの改善はむずかしいと
　　思いますが、折にふれ考えるようにしていきたいと思います。難しい内容

もあったが、お話聞けて良かったです。

・男対女の構図ではなく、個対個。性別による連帯責任論にはならないようにとの指摘にはっとさせられました。

・男女雇用機会均等法以降、職場の男女差も少なくなってきましたが、古典的なものとして社長（市長）室秘書の接待役が永年女性であることに疑問を持ちました。

・大変パワフルでストレートなお話は面白かったです。本音トークが良かったです。男性・女性というくくりが問題なのかもしれません（必要ないのではないか）。職場ではできるだけ個人として職員をとらえるよう努めています。

・ジェンダー・ハラスメントはどの職場でもあると思います。小林先生がおられる行政も含めて、一般的に男女共同参画と考えられる公務員・教員の世界でもはっきりと存在します。教員の世界では女性管理職の割合を14％以上にしようと、管理職登用において男女別々のものさしで評価されることもあります。当然家庭を持ちながら、男性と同じ成果を求められることになり難しい部分があり、力がありながら管理職にならない（なれないも含め）ケースがありました。家庭での責任も含め広い意味で考えていかなければならないと思います。男女にかかわらず力をつけることが大切だと思います。

・知らなかったことや意識していなかったことに気づくことができて興味深い内容だったと思います。男だから、女だからということではなく、この世にたったひとりしかいないひとりの人間として、相手を理解する、自分

を理解してもらうことが大事だと思いました。

・年代的にどうしても男とは、女とはと視点を定めてしまいがちですが、男女共同参画社会、市職員の中から積極的に進めてほしい。本日の企画は大変良かったと思います。

3. 笑いで共感を得ることはできるか？
——創作落語研修の実施と研修効果の分析——

　前述の企業研修では、参加者全体の傾向として研修前より研修後・事後に高い理解度が示されたことで、研修効果が確認されました。

　参加者全体の傾向としてジェンダー・ハラスメント防止への理解が高まったことは、研修を実施する側として目的に適っていたといえるのですが、ひとりひとりに着目すれば、変化のない人が存在していたことも明らかになりました。もしジェンダー・ハラスメントが職場で不適切な行為であるとは全く思っておらず、研修後にもその考えに全く変化が起こらなかった人がいたなら、本来企業はそういう人にこそ意識の変化を促したいはずです。意識の変化を見せない人に対して、今後どのような研修を実施すべきか、有効な研修の方法が問われることになるでしょう。

　実はこの企業研修で実施した調査では、自由記述式のアンケート調査を併せて設けていました。そこで、「研修で意識に変化がなかったと思う」と回答した人の理由を調べてみることにしました。その中には「元々研修講師と同じような考えを持っていたため大きく考えは変わらなかった」という回答がありました。その一方で、「女性としての特性を活かしたい」「女性には女性の強みがある」という理由から、「性別によって役割が決まるのは当然と考えているので、研修を受けてもその考えは変わらなかった」といった回答

が確認されました。

　企業研修は、「ジェンダー・ハラスメントは不適切な行為なのでやめましょう」と言葉で訴えても、その考えを受け入れようとしない人に対する手立てとして実施されました。つまり、行為者に悪気はなくても、また、受け手が不快感を持っていなくても、悪影響が及ぼされるしくみを客観的に示すことで、理解を求めようとする試みでした。しかし、自由回答の内容を確認してみると、こういった説得方法にも限界があり、性別による役割意識の強い人にはあまり効果がない可能性が浮かび上がってきたのです。このような人は、その行為が誰かに悪影響を及ぼすかどうかはあまり重要ではなく、男女で役割を分けていくことは、男女の適性に基づいているのだから理に適っていて、生物としての人間の自然な営みであると捉えているようでした。著者の推測ですが、そういう人は性別による役割分担によって辛く嫌な経験をしたとしても、それは男性女性それぞれに課された宿命であり、男性も女性もそれを背負い耐えることが美徳であると考えているのではないでしょうか。

　そこで、そういった人に対しては「理屈」ではなく「感覚」に訴える研修が有効と考え、笑いで共感を引き出す手法として、落語を使用している研修に注目し、その効果を測ってみることにしました。

　その研修では、地方自治体で男女共同参画を担当した経験を持つ阪本真一氏が、様々な切り口でジェンダー平等にまつわる落語を創作し、口演しています。効果を測定する研修においては、使用する落語「じぇんだー・はらすめんと」のシナリオが、ジェンダー・ハラスメント防止の趣旨に合致した内容であるかどうか、予め著者が監修しました。

　この研修は、物語への興味と笑いの力によって、受講者の関心と共感を引き出すことを狙いとしています。また、日本の古来の話芸である落語の手法を用いることで、物珍しさや落語愛好者の集客も期待しています。

　効果測定を行なった創作落語研修は2011年4月に、ある市が例年主催している女性市民団体の学習会の中で実施されました。

写真Ⅲ-2　阪本氏による落語研修の様子

　研修では、まず、講師を務める阪本氏の自己紹介が約5分間行なわれました。次に、「男女共同参画落語を聴こう」というタイトルで、約45分間の創作落語が口演されました。その後、補足として、ジェンダー・ハラスメントについての講義が行なわれました。創作落語の台本が巻末に収録されていますので、ご参照ください（171頁、付録2参照）。

　研修参加者には研修実施直前と直後に調査票への回答の協力を求めました。調査票の回収数は研修前が26件、研修後が21件です。

　図Ⅲ-4は、研修前と直後のジェンダー・ハラスメントに対する意識の変化です。左側はジェンダー・ハラスメント作為、右側はジェンダー・ハラスメント不作為です。この調査では、参加者の平等的な性役割に対する考え（平等主義的性役割態度スケール短縮版；鈴木、1994）[1]を事前に調べました。そして、性役割に平等的かどうかによって、研修の効果に違いがあるかを調べました。性役割に平等的とは、性別によって役割を固定しないことです。

　図Ⅲ-4のグラフは、参加者を「性役割に平等的（平等意識高）」と「性役割に平等的でない（平等意識低）」の2グループに分けることで視覚的に比較しています。それぞれを見ると、性役割に平等的な人もそうでない人も、研修

前より研修後に数値が上がっているのが分かります。

　性役割平等に対する考えと研修効果の関係は、今後研修を積み上げていくことが必要と考えられますが、ここで示された結果からは、落語を用いた研修は、性役割に平等な考え方を持つ人にもそうでない人にも、ジェンダー・ハラスメントが不適切であるという意識変容に効果があったことが示されました。

　このような落語の手法を使った研修は全国でも珍しかったため、講師であり落語の創作・口演者でもある阪本氏は、その後、様々な自治体から依頼を受け、男女共同参画をテーマにした講演活動を行なっています。

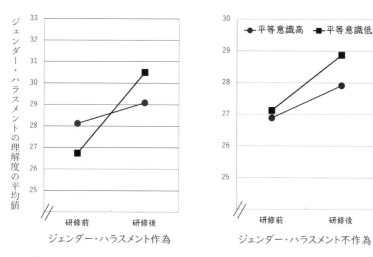

図Ⅲ-4　研修前、研修後の意識の変化（ジェンダー・ハラスメント作為・不作為）

受講者から寄せられた声

　研修実施後に、自由記述式によるアンケートで多くの感想が寄せられました。その中の一部を紹介します。

　　・自分では気づかなかったけど不快だと思っていたことがこれだったのかと

理解した。

・日常あまり気にしていなかったジェンダーを考えるよい機会となった。

・落語でたのしく学べました。

・「うん、あるある」と納得できました。親から子供へ伝えていかなければならないですね。

・日常生活であまり意識せず暮らしているが、2時間じっくり考える機会になってよかった。時々講演会の内容を思い出し生活していきたい。

・落語ということで大笑いを期待してきたのですが難しい（お話）講演でした。しかし最後は歌でしめたのでよかったです。

・わかりにくい言葉の意味が、落語でわかりやすく理解できました。講座も同じようにひとつひとつがよくわかりました。有意義な機会を有難うございました。

・市民に男女共同参画活動が浸透するような盛大な活動を期待します。歌声がすばらしい、もっと聞きたかった。座がなごみます。

・この年まで男女をあらためて考えることはありませんでした。今では男女平等とうたわれていますが、まだまだ男社会です。今日、普段話に出ない話を聞くことができ、あらためて考えてみました。

・おもしろい切り口で始まり、聞いていて笑えました。

・男女共同参画とは「人権」にまで及ぶことに改めて気づいた。

4. 企業研修 VS. 創作落語研修

　前項でご紹介したふたつの研修には、参加者のジェンダー・ハラスメントへの意識を高める効果があったことが検証されました。

　ところで、どちらの研修がより効き目があるといえるのでしょうか。そこで、それぞれの研修スタイルの効果の違いについて比較分析した結果をご紹介します。表Ⅲ-2 は、通常の企業研修と創作落語研修を整理したものです。ここでは、太線で囲んだ部分を比較します。

表Ⅲ-2 企業研修と落語研修の実施および効果について

	企業研修	創作落語研修
講師	女性	男性
内容	事例および統計分析結果の解説	創作落語と解説
ねらい	理屈で理解してもらう	笑いで共感を得る
研修前後の効果	あり	あり
フォローアップの効果	あり	―
性役割平等意識による効果の違い	―	なし
男女による効果の違い	―	―

※－は測定していない。

　図Ⅲ-5 は研修前と直後のジェンダー・ハラスメントに対する意識の変化です。これらを見てみると、企業研修も創作落語研修も数値が上がっているのが分かります。因みに、企業研修と落語研修を比べてみると、企業研修の方が、落語研修よりも研修前後とも高い数値を示していますが、統計的な分

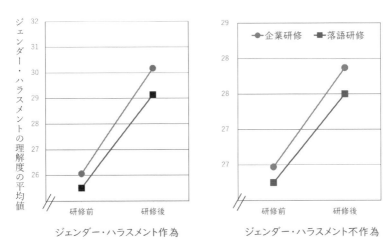

図Ⅲ-5　研修の違いによる効果の比較（ジェンダー・ハラスメント作為・不作為）

析を実施した結果、ふたつの研修の間に効果の違いは検出されませんでした。

　これらの結果から、企業向けの通常方式の研修であれ、落語の手法を使用した研修であれ、どちらにもジェンダー・ハラスメントに対する意識を変容させる効果が期待できるといえそうです。一般的になかなか浸透しない男女共同参画、ジェンダー平等といった問題も、笑いとともに理解を促すことが可能かもしれません。

5. 現状の日本での研修をめぐる問題点と課題
── 「変革」に必要な「戦略」──

（1）ジェンダー研修は本当に役に立っているか？

　ジェンダー・ハラスメントを本気で減らしていこうと考えるなら、組織の研修の在り方を改めて問う必要があると著者は考えます。

　ハラスメント研修を見渡してみると、国の指針に基づいた法的問題としてのセクシュアル・ハラスメントを解説する研修が多くあります。そうした視点は必要ですが、理論編で述べたように、法的な位置づけとしてのハラスメントは、心理学的な視点からのハラスメントと比較すると非常に限定的です。法律の俎上に乗るようなハラスメントは氷山の一角で、その背後には私たちが日々経験する無数のハラスメントが存在しています。日常的な些細な言動のすべてを法で規制すべきといいたいわけではなく、より深刻な行為の抑止には、その土壌となっている日常的な行為にもっと目を向ける必要があると著者は考えています。

　企業にはハラスメント防止の措置を講じることが義務づけられています。そのため、一旦問題が生じると、企業のイメージ・ダウンなどの社会的ダメージを受けることが予想されます。さらに訴訟が提起され敗訴すれば、金銭的な負担が生じる場合もあります。こういった意味では、就業者の人権という観点よりも、リスク・マネジメントの観点からハラスメント対策が必要だと考える企業もあるかもしれません。そういった観点で対策に取り組むと、就業者の言動を「ここまでならセーフ、この線を越えたらアウト」というように、機械的に覚えて対応すれば問題ないと捉えてしまう懸念があります。

　他方、様々な被害の実態を知ることで、この問題に対する受講者の理解を

促そうとするという研修方法があります。被害の実態を知ることは、被害者の側に立ったものの見方や判断につながるかもしれません。しかし、この方法は堅固な性役割観を持つ人々に効果があるのでしょうか。著者はジェンダー・ハラスメントを頻繁に行なう男性へのインタビューの中で、「もし、あなたがその女性の立場だったら、どんな気持ちになるか」と質問したことがありました。その男性は、「嫌と思うはずはない」と答えた上で、「自分は（男だから）女性の立場になるはずがなく、女性の立場だったらという仮定の状況を想像することは無意味」であるとも述べました。著者はこうした経験から、堅固な性役割観を持つ人は、もし自分が今とは異なる性だったらと想像することが難しく、異性への共感を持ちにくい人が多いのではないかと考えるようになりました。

（2）客観的に効果を確認する

当然のことながら、研修には何らかの効果があることが前提です。それは研修実施者の主観ではなく、なるべく客観的な方法で確かめられていることが望ましいと考えます。著者の見渡した限りでは、研修後に参加者から感想を集め、そこからピックアップした受講者の声によって「効果があった」と謳っているものはあっても、研修前後のデータの比較などによって確認された効果を謳った研修は、残念ながらほとんどないといえます。

Column 2　プライバシーの問題と効果測定

研修の実施によって、職場で実際にジェンダー・ハラスメントに該当するような行為が減ったかどうかは、残念ながら著者は確認できていません。分析結果で確認できるのは、そのような行為が不適切であるという理解が高まったという

ことまでです。現実の職場でハラスメントを減らすためには、ハラスメントを実際に行なっている人、行ないそうな人を対象として研修会を実施し、研修前、研修後で、実際に該当するような行為の回数や深刻度が下がったかどうかを、本人の報告ではなく、周囲の人の報告などから客観的に確認することが望ましいと考えます。しかし、それは働く人のプライバシーや人権の問題から、現実的な策とはいえないでしょう。だからといって、これらの研修が無駄で意味がないという結論にはなりません。たとえ行為者を特定しなくても、実際の行為数を確認できなくても、このような研修会の実施によって全体の意識の変容させる取り組みは、ジェンダー・ハラスメントを組織からなくすために必要だからです。

（3）より効果的な研修の構築のために

さて、1999 年に男女共同参画社会基本法が制定され、事業者にハラスメント対策の実施が義務づけられました。また地方自治体はこのほかに、男女共同参画社会の形成の促進に関し、施策を策定して実施する責務を負っています。

しかし、法律でいくら規定したとしても、実際にその施策を実施するのは、それぞれの思想信条を持つ人間です。事業主は必ずしもこのような取り組みに前向きな態度を示しているとは限りません。男女共同参画の推進を担う公組織の中には、それに反対の意見を持っている担当課長がいることもあります。

ここで、ある市の男女共同参画所管課の男性の課長の話をご紹介します。その人がなぜ男女共同参画や男女平等に反対の意見を持っているのか、著者は直接聞くことができました。

　　私は男女平等という考えには反対だ。以前、仕事の関係で、ある高齢の女

性と共に他人の家を訪問した際、家人がどうぞと招き入れようとしたのですが、どうしてもその方は入ろうとしないのです。そこで理由を尋ねると、「玄関は格が高い場所で、家の主人やお客様が使用するところです。だから私のような者が玄関から入るわけにはいかない。私には勝手口がふさわしいのです」と言って譲らないのです。私はその方の言葉を聞いて、はっと心を打たれた。非常に奥ゆかしいというか、謙虚な素晴らしい女性だと感心した。こういったことは、とてもよい日本の風習だと思う。男女平等になると、こういった昔のよい日本の文化が廃れてしまうと危惧している。

　その女性は市の協力者という立場で男性の課長とともにそのお宅を訪問したとき、玄関から入ることを頑なに固辞しました。「女」は公に客として扱われない存在であると捉えているようでした。

　著者はこの話を聞いたとき、この課長の下で働く女性職員たちは日常的に混乱させられているのではないかと感じました。課長からの好印象を得るためには、前述の高齢女性のような「奥ゆかしい」行動を取ることが求められます。しかし、同時に組織の構成員として職務を遂行しているのだから、仕事人としてふさわしい行動を取る必要もあるのです。仕事人としてふさわしい行動は、どこまでも自分を卑下する行動とは矛盾するはずです。女性の部下たちは、このような二律背反する無茶苦茶な要求を常に背負わされていることになります。

　都道府県や大規模な市には、男女共同参画センターが設置されているため、構成員は課の専任事務として男女共同参画を推進している場合が多いといえます。対して中小規模の市町村では、ひとつの課が、男女共同参画に関する事務をほかの事務と一緒に行なっている場合が多く見られます。担当課の名称は市町村によって異なりますが、政策的課題を担当する課で担うことが多く、前述の課長も市の政策を推進する部署の課長でした。そういった部署では、いくつかの政策課題のひとつとして男女共同参画を扱っており、すべて

の課長が男女共同参画について専門的に理解しているとは限りません。残念ながら、男女平等や男女共同参画、ジェンダーといった言葉に対して、一種の「アレルギー反応」を持っている担当課長も多くいるのではないかと考えられます。

(4)「アレルギー」にどう対応するか？

　このような状況だと、研修担当者としてジェンダー・ハラスメントの防止研修を提案するのには困難が伴います。また、たとえ開催できたとしても、強制参加でなければ動員も難しいことが容易に想像できるでしょう。もともと性役割について平等的な考えをしない人、ジェンダーという言葉に抵抗を示す人にこそ参加を促したい研修であるのですが、そういう人は研修会を実施しても積極的には参加しないと考えられます。

　創作落語を使った市民研修の実施では、「男女共同参画」や「ジェンダー」を研修名称に冠していても、「落語」が聞けるという目新しさがあるので、動員が期待できました。また、過去の研修実績から、性役割に平等的な考えを持っていない人への効果も見込めると考えました。そう考えると、ジェンダー・ハラスメントに限らず、どんなテーマの研修でも、参加者が楽しめるようなエンターテインメント的なパフォーマンスにメッセージを込めればよさそうですが、果たしてそうでしょうか。研修に限らず、楽しく学習でき、効果もあるのが理想ですが、そういった伝達方法にも限界があるのかもしれないと思う出来事がありました。

　著者は、以前ある市の男女共同参画に関する市民研修の講師を依頼されました。男女共同参画を楽しく学ぼうという趣旨の連続講座で、毎回、話した内容をまとめたものを歌詞にして著者が歌い、続いて参加者の皆さんにも一緒に歌ってもらい、楽しみながら理解を促すという狙いでした。その研修の

終了後に、思いがけず年上の女性の方から「とても楽しかった」「元気になった」という感想をいただき、サインを求められました。それはとても嬉しい経験でしたが、純粋に喜んでもいられないような気持ちになりました。真剣にジェンダー平等の普及啓発を考えるならば、講師の個性やスキルに依存しない、効果的な研修設計を目指す必要があると考えたからです。そこで、誰が講師を務めても一定程度効果の上がるような研修設計に関心を抱くようになりました。

　創作落語研修に戻りますが、この方法は相応のスキルが要求されます。誰にでもすぐにできるものではないため、この研修を全国で展開するとしたら、講師の数という点では不十分です。

　また、そもそも「ジェンダー」を冠した研修は、開催が難しい上、開催してもジェンダーの問題に関心のある人以外は集まりにくいといった問題があります。ジェンダーに関わる行為の変容を促したい人に対しては、このような研修のみでは不十分といえるのです。

　そこで、これらの問題の解決とよりよい研修の構築を目指して、試行錯誤した結果を次章でお伝えしていきます。

【注】

1）鈴木（1994）によると、「性役割」とは、「男女にそれぞれふさわしいとみなされる行
　動やパーソナリティに関する社会的期待・規範およびそれらに基づく行動」を意味します。
　そして「性役割態度」は、「性役割に対して、一貫して好意的もしくは非好意的に反応する
　学習した傾向」と解説されています。また、「平等主義」とは「それぞれ個人としての男女
　の平等を信じること」です。この尺度は「家事は男女の共同作業となるべきである」など
　の 15 項目から構成され、得点が高いほど平等的な性役割態度を有していることを示すよ
　うに配点されています。

Ⅳ 戦略的ハラスメント対策

1. はじめに

（1）「シロクマ効果」とジェンダー・ハラスメント

　子どもの頃、真っ暗な夜道をひとりで歩くとき、ひとり夜中にトイレに起きたとき、「お化けなんてないさ・お化けなんて嘘さ」と歌った経験がありませんか？　けれども一旦、「お化け」という言葉を口にすると、その思いとは裏腹に「お化け」が頭から離れなくなってしまい、ますます暗がりが怖く感じられてしまうものです。これに関連して思い出されるのが、「シロクマ効果」と呼ばれる現象です。「シロクマのことを考えないでください」と言われたら、私たちは一旦シロクマを思い浮かべ、それを考えないように自制しますが、余計にシロクマを思い浮かべやすくなります。このことを念頭におきながら、ジェンダー・ハラスメント対策について考えてみます。「ジェンダー・ハラスメント」を行なう人に対して「ジェンダー・ハラスメントをやめましょう」と訴えたらどうなるでしょう。「ジェンダー」という言葉を使うことによって、かえってその人の性別役割意識に焦点が合ってしまうことはないでしょうか。何かをしないようにと訴える行為は、ときには逆の効果をもたらすことがよくあります。そのため、「しない」ことを促すのではなく、適切な行為を示して、それを「する」ことに焦点を当てて促す方がよいと考えられるのです。

　Ⅰ章では、ジェンダー・ハラスメントを「ジェンダーに基づく役割を他者に期待する行為」であると解説しました。これに従えば、ジェンダー・ハラスメントという行為は、人を身体的特徴で男女どちらかに分け、それぞれの役割を設定すること（性役割＝ジェンダーロール）への強いこだわりの現れと捉えることができます。ジェンダーの問題を話題にする人は、「ジェンダー

にこだわっている人」というレッテルを貼られがちですが、よく考えれば実は逆で、ジェンダー・ハラスメントを行なう人の方が、堅固な社会規範としての「ジェンダー」にこだわりがある人といえます。そういう人に対して、「ジェンダーにこだわらないでください」と促したところで、その人自身はジェンダーにこだわっているとは思っておらず、「ジェンダー・ハラスメント」という言葉を発する相手こそが「ジェンダー」に固執していると考えているのです。そして、こういった人に対して「ジェンダー」という言葉を用いると、男性と女性の性役割に結びつき、それへのこだわりがますます強調されることにもつながります。さらに、Ⅰ章で触れたバックラッシュの弊害もあり「ジェンダー」という言葉に拒否反応を示す人も多く、このテーマの研修を開催しても、最初から反発を招くことが危惧されます。ジェンダー問題の対策として「ジェンダー」を用いて研修を実施することで、かえって個々の「ジェンダー」意識に焦点を当ててしまうという皮肉な結果を招く可能性があることに留意する必要があるといえます。

　このような理由から、著者は職場のジェンダー・ハラスメントの抑止を訴えるには、「ジェンダー」の説明や解説を含んだ既存の研修スタイルには限界があると考え、全く別の方法を使った研修を考案しました。本章で紹介する研修は、「ジェンダー」「ジェンダー・ハラスメント」という言葉を使用せずに、職場のジェンダーにまつわる差別行為を防止していこうとする試みです。

(2)「ジェンダー」と言わずに「ジェンダー・ハラスメント」を防止する

　それでは、「ジェンダー」という言葉の使用や意味の解説なしにジェンダー・ハラスメントを防止するためにはどうしたらよいでしょうか。そのためには、まず、ジェンダー・ハラスメントの発生原因に立ち返って考えなければなり

ません。行動や判断の背後には、その人の物事に対する捉え方があるからです。例えば、ある人が職場で女性を一律に、リーダーなど判断力を必要とする責任が大きい仕事から除外し、その代わりに細やかな気配りなどを要する仕事に割り当てているとします。その行為の背後には、「女性は冷静な判断ができない」「女性は細やかな仕事に向いている」という意識が働いています。こういった考えは、ジェンダーに関する固定観念（ジェンダー・ステレオタイプ）や性役割意識、偏見にあたります。ステレオタイプとは、あるカテゴリーに属する人々を画一的に見ることであり、ステレオタイプが否定的に働く場合に、特に偏見と呼ばれます。

　ところが近年、そういう思い込みを自覚していないケースが注目されるようになってきました。例えば、「女性は冷静な判断ができないと思いますか」という質問に対して、ある人は「いいえ、そうは思っていません」と本心から答えたとします。一見、平等的な視点を持つ人に見えるかもしれません。しかし、本人が気付かない潜在意識の中で、「冷静な判断」といえば「男性」、「感情的」といえば「女性」といったような自動的な結び付きを強く保持している場合があるのです。こういった人は、性別と特定のイメージが結びついていることを自覚していないため、とても厄介です。女性個人の能力を平等に評価し仕事を割り当てているつもりでも、実際には意識下（無意識）のステレオタイプに支配されていて、女性を一律に無意識的にリーダー的な役割から除外し、細やかな気配りを要求していることがあるのです。

　例えばPTAなど、参加者のほとんどが女性で構成される会合があります（これも子どもの世話は母親の役目というステレオタイプが影響しているからでしょう）。このような場合でも、数少ない男性が会長に推薦されることがよく起こります。推薦した人に理由を尋ねると、「このメンバーの中で、一番適していると判断したから」といった答えが返ってきます。しかし推薦した人は、本当にその男性の適性を見て判断したのでしょうか。女性ばかりの集団の中にひとり混ざった男性が「リーダーシップを取れそうな人に見えてしまう」

ということはないでしょうか。私たちは、「女性はリーダーに向かないとは思わない」と言いながら、そして本当に心の底からそう思っていながら、実際の行動では、執拗なまでにリーダー役を男性に期待している場合があるのです。それは、リーダーと聞くと無意識に男性のイメージが浮かび、それに合致した人物がふさわしく見えてしまうことが原因でしょう。残念ながら、こういったケースはジェンダー問題に日頃から関心を持ち、女性活躍に熱心な女性の行動にも見受けられます。

　このように、ステレオタイプには顕在的な（意識に上っている）ものもあれば、潜在的な（意識に上っていない）ものもあります。この潜在的ステレオタイプは、人の行動や判断に大きな影響を与えています。ジェンダー・ハラスメントを防止するためには、顕在的な意識に働きかけるだけではなく、意識に上っていない潜在的ステレオタイプにも積極的に目を向けていくことが必要です。

　ところで、この潜在的ステレオタイプという概念は、近年、「アンコンシャス・バイアス」という用語によって、ジェンダー平等やダイバーシティ推進の文脈で一般的に使われるようになりました。ところが、日本で現在広まっている「アンコンシャス・バイアス」という言葉は、本来用いられてきた意味からかなり変化して使用されているようです。潜在的ステレオタイプであったはずのアンコンシャス・バイアスが日本では、顕在的な偏見や固定観念、性役割意識、ジェンダー・ステレオタイプを含む用語として用いられているのです。

2. 日本における「アンコンシャス・バイアス」の誤用とその問題

（1）アンコンシャス・バイアスとは

　ここでは、現在日本に広まっているアンコンシャス・バイアスの用いられ方とその問題について述べたいと思います。アンコンシャス・バイアスは、無意識のバイアス、暗黙のバイアス、無意識の偏見、無意識の思い込みなどと呼ばれることもあります。それは、もともと潜在的態度を扱う心理学の領域で研究され、米国を中心に発展してきた概念です。心理学研究では、潜在的ステレオタイプと呼ばれています。

　アンコンシャスは「無意識」、バイアスは「偏見」を意味し、偏見とはステレオタイプの中で否定的な評価や感情を伴ったものを指します。つまりアンコンシャス・バイアスとは、自分でも意識していない、目に見えない、ある特定の集団やカテゴリーに属する人々に対する否定的な評価や感情であり、ジェンダー平等に限っていえば「ある性別に対する無意識の否定的な評価や感情」といえます。

（2）従来の性役割意識や偏見との違い

　ここで、アンコンシャス・バイアスと、今までジェンダー平等において問題視されてきた性役割意識との違いについて、整理したいと思います。

　例えば、「一般的に女性はリーダーに向かないと思いますか？」と尋ねられたとします。これに対して「はい、そう思います」と答えた人の多くは、「女性はリーダーに向かない」という意識を持っているといえます。これが従来

いわれてきた性役割意識や偏見であり、文字どおり顕在的に意識されている
ものです。

　反対に、「いいえ、そんなことは思っていません」と答え、且つ、それが
本心であったとします。このとき、その人は「女性はリーダーに向かない」
という性役割意識は持っていないことになります。そしてその状態は、「「女
性はリーダーに向かないとは思っていない」と思っている」ということにな
ります。ところがそういう人でも、自分では意識していないのに、「男性＝リー
ダー」「女性≠リーダー」という潜在的な結び付きを強く持っている場合が
あります。ややこしい言い方ですが、「女性はリーダーに向かないと思って
いることに気付いていない」という場合があり、それがアンコンシャス・バ
イアスと呼ばれるものです。

　性役割意識は意識のレベルにあり、アンコンシャス・バイアスは無意識の
レベルに属します。この「意識」と「無意識」は、いわゆる「建前」と「本
音」といった分類とは少し異なります。「建前」は意識であり、「本音」もそ
れに気付いている場合は意識のレベルに整理されるべきと考えられます。

(3)「あなたはどう思いますか？」では、測れない

　このことから、「女性はリーダーに向かないと思いますか？」などといっ
た質問をいくら積み上げても、それへの回答は、「そう思っている」「そう思っ
ていない」という意識に基づいているため、アンコンシャス・バイアスとい
う「無意識」は明らかにならないことが分かります。この研究の権威である
M.R. バナージ氏、A.G. グリーンワルド氏の共著『心の中のブラインド・スポッ
ト』（北村英哉・小林知博訳、北大路書房）では、このような潜在的な部分を明
らかにするには、自己報告を求める質問方法では不可能であると述べていま
す。

アンコンシャス・バイアスとは、意識下（無意識）にある偏見ですので、その人に直接どう考えるか意見を尋ねる質問紙調査のような方法によって測定することはできません。逆にいうと、質問紙調査のような自己報告では明らかにできないから、アンコンシャス・バイアスと呼んでいるのです。意識していない無意識の領域ですから、測定するには工夫が必要なのです。

（4）日本で広がる「アンコンシャス」の誤解

ところが最近、アンコンシャス・バイアスは本来とは少し異なる意味で用いられ、広まっているようです。日本では「アンコンシャス（無意識）」を「自分には偏見が・あ・る・ことに気付いていない」ではなく、「自分の考えが偏見に・あ・た・る・ことに気付いていない（悪気がない）」のような意味で使用されることが多くなってきました。「自分の考え」であることは分かっている状態ですから、本来「意識」であるのに、「無意識」と呼んでいるのです。

例えば、内閣府男女共同参画局のホームページでは、「令和３年度 性別による無意識の思い込み（アンコンシャス・バイアス）に関する調査研究」の実施とその結果を公表しています[1]。この調査ではチェックシートを用い、自分の考えにあてはまるかどうかの自己報告によって、アンコンシャス・バイアスの有無を調査しようとしていました[2]。

このチェックシートに掲載している項目の一部を次のとおり紹介します。

「仕事より育児を優先する男性は仕事へのやる気が低い」
「親戚や地域の会合で食事の準備や配膳をするのは女性の役割だ」
「同程度の実力なら、まず男性から昇進させたり管理職に登用するものだ」
「家事・育児は女性がするべきだ」
「共働きでも男性は家庭よりも仕事を優先するべきだ」

「女性は感情的になりやすい」

「組織のリーダーは男性の方が向いている」

　この調査について、内閣府男女共同参画局の『共同参画』2021年10月号では、「各設問中「そう思う」「どちらかといえばそう思う」の選択肢を選択した割合がアンコンシャス・バイアスの割合ということになります（P2.L.9-11）」と解説されています。

　しかし、チェックシートの項目は、いずれも性役割に関するその人の顕在的意識を問う項目ですので、アンコンシャス（無意識）の調査ではなく、意識調査と呼ぶのが妥当です。

　また、下記の日本労働組織総連合会（連合）で実施した「気づこう、アンコンシャス・バイアス〜真の多様性ある職場を〜連合アクション 2020」のアンコンシャス・バイアス診断[3]も、測定しているのは顕在的な偏見やステレオタイプ、性役割意識であって、本来の意味のアンコンシャス・バイアスとまではいえません。

　連合のアンコンシャス・バイアス診断では、次のような質問項目で測定しています。

「育児中の社員・職員に負荷の高い業務は無理と思ってしまう」

「介護しながら働くのは難しいと思う」

「LGBTの人は一部の職業に偏っていて、普通の職場にはいないと思う」

「定時で帰る人は、やる気がないと思う」

　こういったチェック調査は、現在日本の様々な組織に広がっています。このような方法による調査は、ジェンダー平等やダイバーシティ実現のためのひとつの試みとしては評価すべきです。しかし、残念ながらこのようなチェック項目で測定できるのは、顕在的な（意識された）通常の性役割意識や偏見、

ステレオタイプであり、心理学研究者の一般的な見解では無意識であるとは
表現されていません。こういったチェック項目と、それらの解釈に基づいた
研修をいくら行なっても、理解が進むのは顕在的な性役割意識についてで
あって、アンコンシャス・バイアスはなかなか理解されていかないと思われ
ます。

　ここで比較のために、同じ内閣府男女共同参画局が「意識調査」と称して
行なったアンケートを紹介します。平成 27 年に実施された「地域における
女性の活躍に関する意識調査」で、以下に質問項目の一部を引用します[4]。

「自分の家庭に限らず一般に、「夫が外で働き、妻が家を守る」べきだと思う」
「家事や子育ては、女性が行った方がよい」
「子どもが小さいうちは、母親は外で働かない方がよい」

　この意識調査の Q4 から Q7 では、上記のような質問に対してどの程度「そ
う思う」かを回答してもらい、家庭生活における男女の役割分担の意識を調
べています。前述の「アンコンシャス・バイアス」調査と同様、男女の性役
割に関して、どう思うかを自己報告してもらう方法です。

　このうち「家事や子育ては、女性が行った方がよい」という項目について
は、アンコンシャス・バイアスのチェックシートにも全く同様の質問項目（「家
事・育児は女性がするべきだ」）がありました。これらは若干表現が違っても、
意味的には同じ質問です。つまり内閣府は、男女の性役割に関する自己報告
による調査を「意識調査」と称しながら、一方では「無意識の調査」と称し
ていることになります。

　内閣府や連合のアンコンシャス・バイアス調査に共通して見えてくるのは、
「意識」と「無意識」の意味を整理して捉えることなく、両者を混同して使
用してしまっていることです。そのため、従来の意識的なジェンダー・バイ
アスやジェンダー・ステレオタイプ、性役割意識、偏見というべきものが、

アンコンシャス（無意識の）・バイアスと表現されています。

（5）どのようにして解釈を誤ったか？

なぜ「無意識」についてこのような珍解釈が生まれ、「アンコンシャス・バイアス」の誤用が広まっていったのでしょうか。その理由を想像してみました。

偏見には、「それを持っている人には偏見とは理解されにくい」という側面があります。例えば、失言を繰り返す政治家は、自分の考えや言動が、偏見であったり性役割意識の表れであったりするとは露ほども思っていないのです。このように「自分が普段考えていることが、実は偏見にあたるとは認識していなかった」ということがよくあるのです。

内閣府や連合は、「自分の考えが偏見にあたると理解していなかった」「悪気がなかった」ということを、「無意識」と混同して表現してしまったのではないでしょうか。少しややこしいので例を挙げて説明します。

あなたのポケットにハンカチがあるとします。しかしこのハンカチは、ポケットから出すのを忘れて洗濯してしまったものなので、あなたはポケットにハンカチが入っていることに気付いていません。これはハンカチを「無意識」的に持っているという状態です。

一方、あなたはポケットに何か布が入っていることに気付いているとします。しかしあなたは、それがハンカチであるとは思わず、布マスクだと思っています。これは布を持っている意識はあるが、それをハンカチだと認識していないという状態です。

アンコンシャス（無意識）は、もともと「持っていることに気付かないハンカチ」の意味で用いられていたはずですが、なぜか日本では、「ハンカチとは思わないで持っていたハンカチ」の意味にすり替わって使われています。

自分の持っている意識や考え方が偏見にあたると気付いていない状態までも「無意識」と表現され、広まってしまったようです。

こうして、日本における「アンコンシャス・バイアス」は、「悪いことと分かっていない」「その考えがジェンダー不平等につながると認識していない」偏見や思い込み、という独自の解釈によって、本来とは別の意味で広まっているのではないかと、著者は考えています。

(6) なぜ問題か？

ところで、「無意識」と「意識」を整理せずに扱っていたとしても、アンコンシャス・バイアスの新しい解釈として認めてもよい、多様な解釈があってもよいという意見もあるでしょう。無意識は目に見えないものなので、簡単に定義することは難しいからです。しかし、たとえ本来の解釈ではないと前置きしたとしても、この独自の解釈には、いくつもの問題があります。

ひとつ目は、本来のアンコンシャス・バイアスの問題は放置されたままになることです。「新解釈」によってアンコンシャス・バイアスの研修を実施したとしても、効果があるのは性役割意識の解消であるため、アンコンシャス・バイアスの解消にはつながりません。それにもかかわらず、その対策が進んでいるかのように見えてしまいます。アンコンシャス・バイアスは、自分では気付かない根深い偏見をあぶり出すために生まれた言葉でした。表層的な差別意識が減っていく中で、根強く残る偏見の原因を社会に突きつける問題提起のために登場した用語です。したがってアンコンシャス・バイアスの「多様な解釈」を放置すれば、本来議論しようとしていた問題の本質が曖昧になり、正しく議論されないまま「表層的な性役割意識」の問題にすり替えられ、改善されたことになってしまうでしょう。

アンコンシャス・バイアスは気付かずに持っている偏見であり、自身では

なかなか制御できないものです。だからこそ、評価や採用のあらゆる場面において、アンコンシャス・バイアスが作用しないようなしくみや制度を社会で構築していくことが望まれるのです。具体的には採用の応募用紙に性別や名前の欄をなくすといったものが挙げられます。また、アファーマティブ・アクション[5]やクオータ制[6]もその制度のひとつとなりうるでしょう。いずれにしても、内閣府がいうような「アンコンシャス・バイアスに気付いて、なくしていこう」という努力だけでは、この問題の対策としては不十分でしょう。誰もが持つアンコンシャス・バイアスの存在を前提にして、社会の制度をひとつひとつ点検していくことこそ重要だと著者は考えます。

　ふたつ目の問題としては、誤った学術見解の流布が挙げられます。現在、内閣府をはじめとした日本の男女共同参画行政において広く用いられているアンコンシャス・バイアスの解釈は、「無意識」の意味が顕在的な意識を含んだより広い意味に拡大解釈されており、心理学的知見の誤用にあたるといえます。これを放置すれば、学術的に認められない解釈が社会に浸透することとなり、本来の解釈との矛盾による混乱が広がるとともに、社会に誤った知識が植えつけられるおそれがあります。また、この「無意識」の解釈によれば、すべての偏見は意識しているかどうかにかかわらず、アンコンシャス・バイアスであることになってしまいます。心理学研究におけるほとんどの社会態度の測定は、無意識の測定ということになりかねません。

　3つ目は、男女共同参画の政策として一貫性を欠くという点です。これまでは何年かおきに国や地方自治体において「性役割意識」に関する住民調査が実施され、その解消に向けた啓発の指標や評価基準となってきました。それがここにきて突然、「アンコンシャス・バイアス」を調査し、測定したと報告しています。しかし内容は、性役割に関する自身の考えを問うものであるため、従来の「性役割意識」調査と同じ内容に見えます。同じ調査なのになぜ「性役割意識」からアンコンシャス・バイアスに名称を変えたのでしょうか。もし別の調査だというなら、従来の「性役割意識」調査に取って代わ

る内容になったのでしょうか。従来の調査はどのように評価されるのか、それともなかったことにされるのでしょうか。いずれにしても一貫性がありません。

　自治体の担当者は今まで解消に取り組んできた「性役割意識」と内閣府の紹介している「アンコンシャス・バイアス」とはどこが違うのか、どう関係しているのか、混乱させられるでしょう。そしてその混乱は、男女共同参画やジェンダー平等に真摯に取り組み、性役割意識やステレオタイプについて正しく理解してきた人ほど、顕著になると思われます。

　4つ目は、国際的な観点からこの問題を捉える必要があるということです。日本におけるアンコンシャス・バイアスの意味が諸外国と異なり、独自の解釈をしているということはまかり通るのでしょうか。

　アンコンシャス・バイアスは、社会態度を顕在的意識として測定して論じることの限界から生まれた概念です。意識し顕在化していることと実際の行動とのあいだに矛盾が生じる背後に、その潜在的存在を仮定するものです。既存の枠組みを超えた新しい概念であり、心理学研究の背景を無視して、理解できるものではないと著者は考えます。

　ジェンダー平等の推進には、複雑なものを複雑なままに理解しようとする力（認知的複雑性）が不可欠だと著者は考えています。この度のアンコンシャス・バイアスの誤用に関わった人たちは、複雑な対象を過度に単純化して安易に理解しようとし、その結果、本来の「アンコンシャス」（無意識）の意味を、別の意味に変化させてしまいました。それは対象の一部分のみから「こうであるに違いない」と決めつけるステレオタイプ的な思考であり、自分の考えに合致しない未知の部分の大半を切り捨てて、なかったことにする方法です。正に認知的複雑性の対極にあり、ジェンダー平等推進の担い手として、資質が疑われるような考え方です。

3. 潜在的ステレオタイプ

（1）どんなときに潜在的ステレオタイプが明らかになるか

　次の文章を読んでみてください。皆さんは、この内容について、矛盾や戸惑いを感じるでしょうか。

　　父親と息子が自動車事故に遭いました。父親はその場で死亡し、重症の息子は急いで病院に運び込まれました。手術室で外科医はその少年を見て言いました。「この子は私の息子です」。

　これは昔アメリカで流行ったクイズです。この文章に違和感を覚えるでしょうか。もし、皆さんがこの文章に矛盾を感じたとしたら、それは、自動車事故で亡くなったはずの父親がなぜ生きているのか、という点にではないでしょうか。
　著者は研修先で度々このクイズを出しています。すると、以下のような答えが返ってきます。

・重傷を負った息子と、手術室の少年は別の人物である。（どこかの時点で
　二人が入れ替わった！）
・死亡した父親と外科医は、男性同士のカップルである。（重傷を負った少
　年には、二人の父親がいる）
・死亡した父親は継父で、外科医は実父。（あるいはその逆）

　どれも可能な回答ではあります。でも、もしそのように考えた、あるいは答えが見つからないとしたら、それは「外科医＝男性」という自動的な結び

付きがあったからで、女性の外科医も存在することを見落としていたからでしょう。外科医は男性とは限らない、女性の外科医もいるということを念頭におきながら、もう一度、前の文章を読んでみてください。すると、文章には何の矛盾もないことが分かります。つまり答えは、外科医は少年の母親だったということです。

　私たちは「外科医はすべて男性であると思いますか？」と聞かれたら、「そう思う」とは答えないでしょう。「外科医は男性とは限らない。女性の外科医も存在する」ことを意識の上では理解しているからです。しかし興味深いことに、前述のクイズでは、多くの人が「外科医＝男性」という無意識的な結び付きにより、文章に矛盾を感じるのです。そしてこのクイズが示しているのは、人が意識的には理解していることでも、本当は分かっていないことがよくあるということなのです。

　そしてこの「外科医＝男性」という自動的な結び付きこそが、前述のアンコンシャス・バイアスであり、心理学の分野で潜在的ステレオタイプと呼ばれているものにあたります。このように意識されていない、無意識的で自動的な思考のため、「あなたは外科医は必ず男性だと思いますか？」といったような、明示的に相手の意識について尋ねるような質問で潜在的ステレオタイプを明らかにするのは、容易ではないのです。

　もうひとつ、潜在的ステレオタイプに関連する事例を紹介します。GoldinとRouseは、音楽界での見えにくい女性差別の存在を明らかにしようとしました。米国の主要なオーケストラでは、公平性確保の一環として、1970年代頃から入団審査に「ブラインド・オーディション」を用い始めました。これはスクリーンを用いて応募者の姿を隠し、審査員から応募者を特定できなくする方法です。するとその後、団員の女性割合が大きく上昇していったのです。GoldinとRouseは、1950年代から1990年代後半までの主要なオーケストラのオーディションの記録と応募者のデータを分析し、その結果から、スクリーンを用いることで、女性が採用されやすくなったと推測しました

（Goldin & Rouse、2000）。スクリーンを用いる前の審査では、純粋に音楽の質で判断したつもりでも、その判断は応募者の性別に左右されていたと考えられます。すなわち、そこに「女性はオーケストラ・プレイヤーに向かない」という潜在的ステレオタイプの影響があったといえます。

（2）潜在連合テスト

　心理学の研究領域では、このような目に見えない潜在的ステレオタイプを可視化するテストが開発されています。これは心理学者の Greenwald らによって開発されたテストで、IAT（潜在連合テスト：Implicit Association Test）と呼ばれています（Greenwald, McGhee, & Schwartz、1998）。IAT はコンピュータを使用したテストで、画面に次々に映し出される単語の分類作業にかかる時間によって、その人の潜在的ステレオタイプが測定されます。単語の分類作業は 2 種類あり、ひとつはある単語をステレオタイプに一致するカテゴリーに結びつける課題、もうひとつはステレオタイプには一致しないカテゴリーに結びつける課題です。ステレオタイプが強い人は、その人の頭の中の、ステレオタイプに関連する概念同士の結び付きが強いため、後者より前者の作業時間が短くなります。

　例えば、図IV-1 に示された左の①のコンピュータ画面は、ジェンダーに関するステレオタイプを測定する例です。ここで、「職業」という単語が中央にゴシック体で映し出されています。それを左右の「家庭・*女性*」か「*キャリア・男性*」のどちらかに分類するよう指示されます。「職業」はここでは、同じゴシック体で書かれている「家庭」「キャリア」のいずれかに分類されます。「職業」は「キャリア」と関連があるので、右側に分類されます。右に分類する場合は、キーボードの「i」を押します。

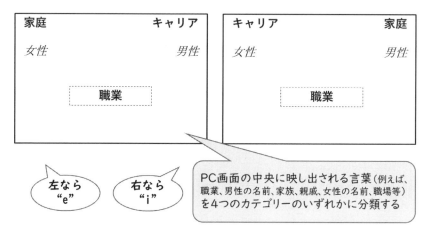

①ステレオタイプ一致ブロック　　　　②ステレオタイプ不一致ブロック

図Ⅳ-1　潜在的ステレオタイプをコンピュータで測定する例

　これに対して、右側の②はどうでしょうか。同じように「**職業**」という単語が中央に映し出されています。ここでは「**キャリア・*女性***」と「**家庭・*男性***」のどちらかに分類します。今度は「**職業**」は「**キャリア・*女性***」に分類されるので「e」を押すことになります。ところがほとんどの人が、うっかり「**家庭・*男性***」に分類しそうになります。なぜなら「**職業**」といえば女性よりも「*男性*」に馴染みのある言葉として捉えられることが多いからです。このため右側②の作業では、分類作業に少し時間がかかります。つまり、キーボードを押すまでの時間が長くなるのです。このように、女性と家庭、キャリアと男性といった人々の持っているステレオタイプに合致した組み合わせ分類作業よりも、女性とキャリア、男性と家庭といったステレオタイプに合致しない組み合わせの分類作業の方に、時間が多くかかるのです。画面に単語が映し出されて、キーボードを押すまでの時間を右側と左側で比較した差をコンピュータで計算して、その人の潜在的ステレオタイプが測定されます。IATで測定される潜在的ステレオタイプは、その人が無意識に持っている概念同士の結び付きの強さを表し、意識的に変えることは難しいとされてい

ます。

このような潜在的ステレオタイプは誰もが持っているものです。潜在的ステレオタイプがあったからといって、即座にその人が特定のグループに偏見を持ち、現実の社会で差別をしたりするという意味にはなりません。その人の潜在的なステレオタイプがなにかしらの判断を伴う行動となって顕著に表れたときに、人をその属性で判断したり差別的な行為を行なうことにつながったりします。

潜在的ステレオタイプはコンピュータで測定する方法のほかに、紙と鉛筆で測定する簡便な方法も開発されています。紙筆版 IAT と呼ばれ、コンピュータと同様に、被験者の潜在的ステレオタイプを測定することが可能となっています。紙筆版 IAT では、分類してキーを押す作業時間の代わりに、所定の時間内にどれだけ多くの単語を分類できたかという作業量によって、その人の潜在的ステレオタイプが測定されます。具体的な例として、「紙筆版 IAT を用いた実習プログラム・マニュアル」（潮村、2015）に基づいて作成した紙筆版の IAT（Kobayashi & Tanaka、2022）を巻末に掲載します（185 頁、付録 3 参照）。この IAT では、職場の男女と役割に関する潜在的ステレオタイプを測定できます。「男性」と「組織の重要な役割」、「女性」と「部下の行なう簡単な仕事」といった、就業者に対して無意識に持っているステレオタイプの強さを可視化できるのです。

(3) 潜在的ステレオタイプを変化させることができるのか？

ところで、潜在的ステレオタイプは一生変わらない永続的なものなのでしょうか。伝統的なステレオタイプ理論では、ステレオタイプは時間的・状況的に比較的安定した長期的な認知構造と理解されています。一方で、ステレオタイプは流動的で構造的には脆弱であるという主張もあります。後者の

主張を裏づけるものとして、自分の価値が恐怖に晒された場合、女性や高齢者に対する潜在的ステレオタイプが強くなることを示した研究があります。また、潜在的ステレオタイプを操作によって弱められることを示した研究もあります。例えば Blair らは、「女性は弱い」といったようなステレオタイプとは反対の「強い女性」という反ステレオタイプが存在することに着目しました。そしてステレオタイプと反ステレオタイプは双極を成し、一方を強めることで他方を弱めることができると考えました。学生を対象として実験を行なった結果、強い女性をイメージした学生たちは、女性に対する潜在的ステレオタイプを弱めていることが明らかにされました（Blair, Ma, & Lenton、2001）。このように、近年は潜在的ステレオタイプが状況によって変化することに注目した研究が蓄積されています。図Ⅳ-2 では、ステレオタイプと反ステレオタイプの関係を分かりやすいようにシーソーで図解しました。

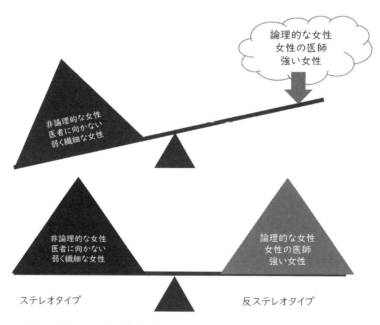

図Ⅳ-2　ステレオタイプと反ステレオタイプの関係

しかし、この研究結果は、大学生を対象とした実験で得られたものです。もし、現実の職場で実施した場合、どの程度の効果が期待できるでしょうか。ジェンダーに基づくステレオタイプや偏見を職場からなくしていくことを目標とした場合に、果たしてこの方法は有効でしょうか。あまりそうは思えません。なぜなら、「強い女性」や「有能な女性」をイメージすることでステレオタイプが弱まったとしても、日本の職場や社会には、それを打ち消しステレオタイプをさらに強化する実例が満ちあふれているからです。例えば組織の構成について考えると、トップのほとんどは男性で占められ、地位が低いほど女性の比率が大きくなります。政治家やリーダーの大半は男性で、非正規雇用の多くは女性です。日々の暮らしにおいて、相対的に男性は社会的地位が高く女性は低いという構造が厳然と続いていて、私たちの判断やイメージに大きく影響しています。ステレオタイプを強める原因は日常にあふれており、私たちは四六時中それらに晒されているのです。反ステレオタイプ的なイメージを想像するという方法によって一時的に緩和されたとしても、それ以上にステレオタイプを強化する現実から私たちは逃れられないのです。では、ジェンダー・ハラスメントの原因となっているステレオタイプや偏見を弱める有効な方法はあるのでしょうか。

（4）複雑で多面的なものの見方とステレオタイプ

　人でも物でも、私たちに見えているのは、ほんの一部分に過ぎません。その上、自分から見えている部分だけとっても非常に複雑で多面的なはずです。しかし、私たちはある物事に直面したとき、自分に見えている側面がすべてであると錯覚し、一側面で全体を把握し理解したつもりになっていることがしばしばあります。

　図IV-3の丸と四角を見たときに、私たちはこれらふたつの図形を別々の

ものであると判断しがちです。なぜならそれぞれの形が違っているからです。しかし、これら2次元の図形が、3次元の物体のシルエットであると仮定したならどうでしょう。右側の円柱のように、丸であることと四角であることは両立します。このように次元数をひとつ増やして考えるだけで、両立しないように見えたふたつの形を矛盾なく、ひとつに共存させることが可能になるのです。

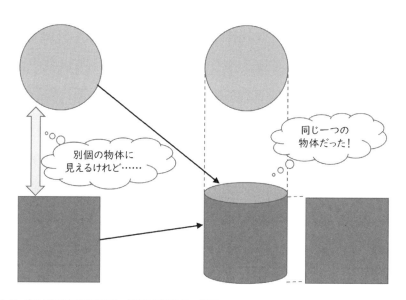

図IV-3　○と□は別の図形だが、どちらも円柱の一側面

　ここで、少年と医者のなぞなぞについてもう一度考えてみます。なぜ女性にも医者がいることに思い至らず、その可能性を無意識的に除外していたのでしょうか。そういう人の思考がどうなっているのかを想像して表したものが、図IV-4です。横軸上に女性と男性というカテゴリーが左右に配置され、それぞれの中に職業や性質などの情報が入り込んでいます。看護師、医者、パイロットといった単語が、男女のどちらかのカテゴリーに配置されていま

す。つまり、女性の外科医が思い浮かばなかった人は、看護師は女性カテゴリー、医者は男性カテゴリー、といったように無意識的・自動的に情報を性別に紐づけて分類しているのです。そのように配置されるため、「医者」と「女性」という組み合わせは、この人の固定観念（偏見）と位置的に矛盾するものとなり、女性の医者をイメージしにくくなるのです。

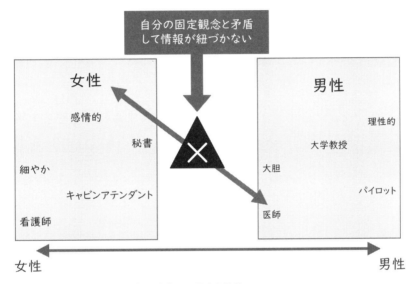

図Ⅳ-4　性別と特性、職業を紐づけて捉えている人の思考

　それでは女性・男性という単一軸ではなく、「医者」⇔「医者でない」といった次元の縦軸を加えてみるとどうなるでしょう。組み合わせが少し複雑になってきます。まず「男性であり・医者である」カテゴリー、「女性であり・医者である」カテゴリー、「女性であり・医者でない」カテゴリー、「男性であり・医者でない」カテゴリーという、4通りに分類が可能になります。さらにここには図示していませんが、性自認が男性・女性のどちらにも属さない人で、医者・非医者といった区分も想定できるでしょう。

　このように、予め「性別」と「職業」とをしっかり切り分けて捉えること

ができていれば、案外このようななぞなぞには引っかからなくなるのではないでしょうか。

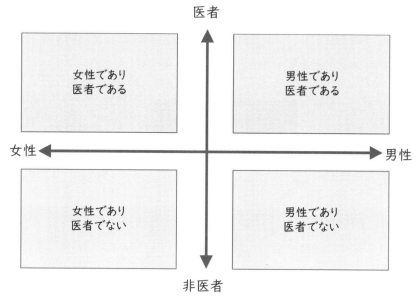

図Ⅳ-5　性別と職業を切り分けて捉える例

　もう少し進めて、ジェンダーに関するステレオタイプや偏見について考えていきましょう。人は複雑な物事を理解するときに、その対象を自分にとって簡単に理解できるように歪めたり、過度に単純化したりすることがあります。図Ⅳ-4では、女性と男性を一次元的に配置しています。ジェンダーに関するステレオタイプが強い人は、人を一旦、男女という性別で二分します。そして、男女に紐づく特性でその相手のほとんどを理解しようとします。男女に紐づく特性とは、ここではジェンダーに関するステレオタイプのことで、例えば「女性は感情的」「男性は理性的」といったことが該当します。そのほかにも医者といえば男性、看護師といえば女性といったように、性格や能力、職業といった様々な情報が挙げられ、それらが一次元上の男女のカテゴリーに振り分けられています。そのような認知構造を持つ人は、ある女性が

細やかな仕事と大胆な仕事の両方に長けていたとしても、「女性は細やかだ」という自分にとって受け入れやすいステレオタイプ的な価値基準に照らし、その女性の細やかな仕事のみに注目します。その一方で、その女性が「大胆な仕事をした」という事実は男性に分類される特性であり、ステレオタイプに合致しないという理由で無意識的に除外され、なかったことにされます。その結果、その女性は細やかな仕事にのみ適性があると歪曲して理解され、大胆さが要求される仕事からは除外されてしまう可能性があるのです。このようにステレオタイプや偏見は、図Ⅳ-4のような枠組みで物事を解釈し、過度に単純化することから生じます。

　反対に、理解する対象をできるだけありのままに捉えられれば、ステレオタイプや偏見を弱めて差別を防ぐことができると考えられます。ステレオタイプや偏見は、特定の集団の成員に対する過度な一般化から生じるため、複雑なものをありのままに多元的に理解しようとする認知的複雑性が高まれば、ステレオタイプ的な認知や偏見が緩和される可能性があります。認知的複雑性は、複雑な対象を過度に一般化したり捨象したりすることなく、複雑なままに理解する個人の能力です（Bieri、1955）。認知的複雑性の低い人は、単一次元で物事を認知するのに対し、それが高い人は多次元で他者を認知するといわれています。先ほどの医者のなぞなぞの例でいえば、医者か医者でないかという物事を、男女という単一軸の上に振り分けるのではなく、図Ⅳ-5のように「医者・非医者」という新たな軸を交差させて判断することができる能力です。そして、認知的複雑性は固定的で永続的な能力ではなく、研修により高めることが可能であるという報告があります。

　私たちはもっと多くの様々な軸（モノサシ）によって事象を捉えることができるはずですし、性的少数者の人権を考える上でもそうあるべきでしょう。多様な次元性のモノサシを持っていれば、物事を過度に単純化することなく、ありのままに捉えることが可能になり、誰もが能力を発揮できる働きやすい職場づくりにつながるはずです。

4. CCT（同僚への多元的な理解：認知的複雑性研修）のしくみ

　さて、前節では職場のジェンダー・ハラスメントをなくしていくためには、直接的にその行為を抑止しようとするだけでは不十分で、人々の根底にあるジェンダーに関する潜在的ステレオタイプを弱める必要があると述べました。そのためには、人を多元的に理解する力（認知的複雑性）を高めることが有効であり、さらに認知的複雑性は、研修によって開発可能であることに触れました。

　本節では、著者が行なった認知的複雑性研修の実例と、研修のしくみや実際に使用するワークシートを紹介し、認知的複雑性をどうやって向上させたかについて説明していきます。さらに、認知的複雑性研修がジェンダー・ハラスメントの抑止につながるかどうかに関して調べた効果測定の結果も紹介します。

（1）「ジェンダー」を用いないジェンダー・ハラスメント防止研修
——認知的複雑性を高めるための研修（CCT）——

　この研修プログラムでは、「ジェンダー」や「ハラスメント」を説明せずに、職場の同僚を多面的に捉える能力（認知的複雑性）を醸成するトレーニングを行ないます。ジェンダー・ハラスメント抑止のために、原因となる意識に働きかけるのではなく、同僚に対する多元的理解を高めることで潜在的ステレオタイプを弱めようと考えました。つまり、ジェンダー・ハラスメントの防止を働きかけずに、ジェンダー・ハラスメントを防止しようとする研修プログラムです。著者はこのプログラムを、認知的複雑性研修（Cognitive Complexity Training）の頭文字を取り、CCT と呼ぶことにしました。CCT は

試行を重ねて改良し、現在日本のふたつの組織で実施され、その効果が確認されています。

　本書には、組織の人事担当者がこの研修プログラムを実施できるよう、CCT の実施者用マニュアルとワークシートを収録しています。

　CCT は、講義とワークから構成されています。講義では物事を多面的に捉えることの必要性について説明し、簡単ななぞなぞを使って、認知的複雑性について解説します。ワークは紙と鉛筆を使用する参加者個人単位で行える作業で、複数のブロックに分かれています。同僚への多元的な理解を促すワークによって認知的複雑性の醸成を目指します。参加者は次のマニュアルにしたがって作業を進めます。

CCT 実施者用マニュアル
「同僚の多様な側面に目を向けるためのワーク」

○準備するもの・必要なもの

1. ワークシート（129〜135 頁に掲載）
2. 机、椅子、筆記用具

○ワークの趣旨説明

　研修の実施担当者は、職場において、同僚を多面的に捉えることの重要性に触れながら、簡単にワーク実施の趣旨を説明してください。ここには具体的にどのように説明するかは明記しません。研修実施者がこのワークの意義をよく考えた上で、自身の日頃の考えや体験を元にしながら、自分の言葉で説明することが重要だからです。

　また、説明の際には、「ジェンダー」「ハラスメント」「性差別」「男女共同参画」といった用語は基本的に使用しないようにしてください。

○研修実施

研修実施担当者は、次の順序にしたがって、研修参加者に作業の指示を与えます。

1. 職場の同僚（男女 2 人ずつ：A、B、C、D）を思い浮かべ、ご自身で識別できるようイニシャルやマークなどのしるしを決めて、ワークシートの所定の欄にメモしてください。なるべく多様な人を選んでもらうため、男女ふたりずつとしますが、男女に当てはまらないと思われる人を選んでいただいても結構です。

2. Aについて、その人があなたから見てどのような人物であるか、形容する言葉を複数書いてください。

　形容する言葉は、形容詞だけでも文章でも構いません。なるべく多様な情報が含まれるよう、できるだけたくさん書き出してください。

3. 今度は、Aから自分自身がどう見えているかを想像し、「2」の作業と同様に、Aから見た自分を形容する言葉をできるだけたくさん書いてください。

（「2」「3」の作業を、A、B、C、Dすべて行なってください）

4. 最後にA、B、C、Dの中から性別の異なるふたりを任意で選び、その男性からその女性、その女性からその男性といったように、互いがどのように見えているかを想像し、「2」「3」同様に、形容する言葉をできるだけたくさん書き出してください。このとき、選んだ者同士が知り合いではなかった場合は、知り合いであると仮定して、それぞれが相手をどう見るだろうかということを想像してください。なるべくあてずっぽうではなく、ふたりの性格や日頃の行動から、恐らく互いにこう見えているだろうということを推測してください。

　上記のワークを1時間〜1時間半で行なってください。CCTの研修は、認知的複雑性の講義とワークを併せて2時間程度となります。

　あるいは2時間といった短時間の研修ではなく、時間がたくさんとれる1日研修のような場合は、それぞれのワークに次の「5」「6」「7」の作業を加え、適宜休憩を挟んで実施することが望ましいと考えます。

5.「2」「3」の作業において、その言葉を選んだ理由について考え、その人の過去のエピソードを示すなど、なるべく詳しく、その理由を書き

出してください。

6.「4」の作業を、4人全員がほかの3人と必ずペアになるよう組み合わせて行なってください（同性同士となる場合も含め、6通りの組み合わせができます）。

7. A、B、C、Dの中からひとり選び、その人と一番かけ離れていると思う人を選び、ふたりの共通点を書き出してください。かけ離れていると思う人は、A、B、C、D以外の人でも構いません。

　なお、このワークにおける同僚とは、上司、部下を含み、現在、過去も問いません。また、取引先や顧客といった職場で関わった人でも構いません。

1〜4の作業で使用するワークシートは次のようなものです。

「同僚の多様な側面に目を向けるためのワーク」

　これから作業していただく内容は、外部に漏れたり、参加者同士で共有したりするものではありませんので、どうぞ、ご自身の考えを自由にお書きください。

　まず、あなたの職場の上司や部下、同僚や仕事の関係者の中から、**男性、女性をふたりずつ思い浮かべ、**それぞれの人の名前やイニシャル、マークを下の欄に書いてください（男女に当てはまらない人でも結構です）。イニシャルやマークはご自身で識別できるようにするためのものですので、文字や記号など、なんでも結構です。

A：＿＿＿＿＿＿＿　　　B：＿＿＿＿＿＿＿

C：＿＿＿＿＿＿＿　　　D：＿＿＿＿＿＿＿

　では、始めましょう。

　上に書いていただいた、A、B、C、Dの4人それぞれについて、その人があなたから見てどのような人物に見えるか、形容する言葉をできるだけたくさん、ワークシートの左側に書いてください。また右側には、その人から見て自分がどう見えているかを想像し、自分を形容する言葉をたくさん思い浮かべ、書き出してください。

　ワークシートはA、B、C、Dの各人に対して1枚ずつ使用します。欄が不足する場合は、用紙の追加をお申し出ください。

ワークシート（例）　1/6

≪ A ≫

自分は A をどう見ているか	A から自分はどう見えているか
1.	1.
2.	2.
3.	3.
4.	4.
5.	5.
6.	6.
7.	7.
8.	8.

≪ B ≫

自分はBをどう見ているか	Bから自分はどう見えているか
1.	1.
2.	2.
3.	3.
4.	4.
5.	5.
6.	6.
7.	7.
8.	8.

ワークシート（例）　3/6

≪ C ≫

自分はＣをどう見ているか	Ｃから自分はどう見えているか
1.	1.
2.	2.
3.	3.
4.	4.
5.	5.
6.	6.
7.	7.
8.	8.

ワークシート（例）　4/6

≪ D ≫

自分はDをどう見ているか	Dから自分はどう見えているか
1.	1.
2.	2.
3.	3.
4.	4.
5.	5.
6.	6.
7.	7.
8.	8.

ワークシート（例）　5/6

　最後に、A、B、C、Dの４人の中から、性別の異なるふたりを選ん
でください。
　そして片方の人が、もう片方の人をどのように見ているかを想像して
ください。もしふたりが知り合いでなかった場合も、知り合いであった
と仮定して、それぞれが相手をどのように見るだろうかと想像してみて
ください。そして、互いが互いを形容するであろう言葉を、できるだけ
たくさん書いてください。
　欄が不足する場合は、用紙の追加をお申し出ください。

ワークシート（例）　6/6

≪（　　）と（　　）≫

（　　）は（　　）をどう見ているか	（　　）から（　　）はどう見えているか(左欄と逆)
1.	1.
2.	2.
3.	3.
4.	4.
5.	5.
6.	6.
7.	7.
8.	8.

ワークは以上となります。お疲れ様でした。

（2）この作業がなぜ認知的複雑性を高めるか・なぜハラスメント防止に
つながるか

　以上のように CCT は、「ジェンダー」「ハラスメント」「男女共同参画」「性
差別」などといった言葉や概念を説明したり、理解を促したりしない研修内
容です。CCT では、同僚に対する多面的な側面に気付くためのトレーニン
グによって、認知的複雑性の醸成を目指します。複雑な物事を過度に単純化
することなく、ありのままに捉える認知的複雑性は、ジェンダー・ハラスメ
ントの一因となっている過度に単純化して対象を理解するステレオタイプ的
思考の対極にあるものです。

　CCT では、ひたすらに人間の複雑多様な側面について考え記述し、また、
相手から自分自身がどう見えているか、相手の視点に立って推測や想像をし
ながら記述する作業を行ないます。さらに、少し難しくなりますが、他人同
士が互いにどう見えているかについて推測し、その内容を記述します。これ
らの作業によって、より多元的で柔軟な認知システムの構築を促します。

　図Ⅳ-6 は、ある人物を見て発見した多面的側面の例です。その人物の性
別以外にも、様々な特徴が挙げられています。この例はつき合いが長い職場
の同僚を想定していますが、たとえ初対面であっても外見や外見からの推測
によりある程度の特徴が挙がるものです。このような認知システムにあって
は、性別以外の多様な特徴に気が付いているため、「女性だから」「男性だか
ら」といった、その人の性別のみに着目した短絡的な判断はしにくくなるは
ずです。

　さらに、このような多面的な認知は、硬直した画一的判断ではなく、柔軟
に物事を判断することにつながります。例えば、参加者が同僚Aを「やさし
い」と表現していても、同僚BはAを「冷たい」と思っており、「やさしい」

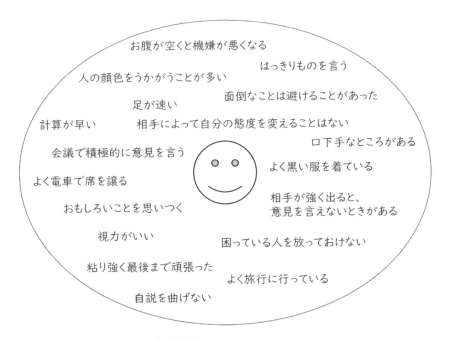

図Ⅳ-6　ある人物を見て発見した多面的側面

とは思っていないように参加者からは見える場合があります。このとき、同一人物に対する表現であるふたつの情報が一見矛盾することになり、参加者は葛藤情報を抱えます。そして、「やさしい」と「冷たい」といった正反対に見える特徴でも、それらはひとりの人間が持つ異なる側面であるということに改めて気付き、その人を矛盾するような特徴を併せ持つ複雑な人間として総体的に統合的に理解することになるのです。ベタな例えですが、「誰もが恐れる不良が、捨てられた子猫にこっそり餌をあげていた」という場面を想像してみてください。その人物の持つ「恐ろしい」という側面と子猫に見せる「やさしさ」は相反するように見えますが、それはひとりの人間の持ちうる、複雑で多様な側面といえます。また、どういうことを「やさしい」と捉えるかも人によって異なります。自身の考える「やさしい」の意味とBの考える「やさしい」の意味が若干違っていることに気付いたとき、自分の考

える「やさしい」とＢの考える「やさしい」が矛盾せずに共存する「やさし
い」という言葉の意味について包括的に考えるようになるでしょう。

　この作業によって、参加者は一見して矛盾するような葛藤情報をうまく処
理することができるようになります。つまり、「女性は感情的」というステ
レオタイプ的意見を持っている人であったとしても、現実に存在する「理性
的な女性」の存在は、それはそれとして否定せずに受け入れられるようにな
るのです。

　このようにCCTでは、自分の見えている世界を他者がどう見ているかを
想像し、自分と他者の捉え方との不一致を体験してもらうことによって、よ
り多元的で柔軟なものの捉え方を醸成することを意図しています。

　この研修では、「女性は感情的だ」というステレオタイプを保持している
人に対して、「女性は感情的だと思わないようにしよう」というように、そ
のステレオタイプを否定することはしません。このような教示は、かえって
「女性」と「感情的」の結び付きを強調してしまう恐れがあります。また、「女
性は理性的だ」というような反ステレオタイプを強調するようなこともしま
せん。「女性」と「理性的」を強調することは、潜在的なジェンダー・ステ
レオタイプを一時的に弱めることが可能ですが、長続きはしません。なぜな
ら、私たちを取り巻く日本社会は、男性・女性という堅固な二元制によって
多くのことが決められており、私たちはジェンダー・ステレオタイプに基づ
く情報に日々晒されています。それは、一時的に提示される反ステレオタイ
プよりもずっと強く、長く機能するはずだからです。

　因みに、「女性は感情的だ」を否定するために、「女性は理性的だ」を主張
する方法もあまり正確ではありません。「女性は感情的だ」をいう意見を否
定するためには、本来「すべての女性が感情的だとは限らない」というべき
です。しかし、堅固なステレオタイプや偏見を保持している人の中に、こう
いった部分否定を含む文章を理解しようとしない人が多いと著者は感じてい
ます。だからこそ、たとえ「女性は感情的」と思っているような人でも、世

の中には理性的な女性は事実としてたくさんいるわけですので、その事実が矛盾なく併存できるような、豊かな認知空間の醸成を促していきたいのです。これにより、一見矛盾する「女性は感情的」という意見と「理性的な女性」の存在を、矛盾なく統合的に位置づけることが可能となると考えるからです。

5. 認知的複雑性を高めるための
研修（CCT）実施の効果の検証

（1）研修の効果の有無を調べるために

　ここからは、研修効果の分析について述べていきます。研修実施には、必ず目的が存在します。研修参加者にとっては、参加することによって知識を得たり、技術を磨いたり、理解を深めたりすることが目的です。しかし現状では、研修実施による効果をきちんと確認している組織は少ないのではないでしょうか。研修と、それによる効果が得られたかどうかは別のことですから、実施して終わりというわけにはいきません。本来、その効果は確認されなければならないはずです。

　このような考えから、本書で紹介する認知的複雑性を高める研修プログラム（以下CCT）は実施することをゴールとせず、研修参加者のジェンダー・ハラスメント防止への理解度の変化を確認することまでを目的としました。そこでまず、研修の効果を調べるにはどうしたらよいか考えていきます。

　図Ⅳ-7Aの円グラフは、研修の効果をうたった、よく見るPRの例です。

　研修実施後に、受講者に満足したかどうかのアンケート調査を行ない、こういった結果を元に「高い満足を受講者から得ています」とうたっているものです。しかし、高い満足度が得られているから効果的な研修だ、といえるのでしょうか？　受講者が満足しているからといって、効果のある研修とは

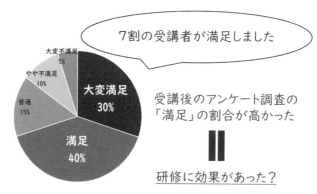

図Ⅳ-7A　受講後のアンケート調査の例

限りません。では、効果を可視化するにはどうしたらいいでしょう。

　図Ⅳ-7Bの円グラフは、「効果」をうたったPRの例です。このグラフでは、7割の受講者が研修に効果があったといっています。今度は、効果のある研修に見えます。しかしこの図で示されている効果は、受講者個人の主観であって、主催者が意図した効果だったのかということは分かりません。効果は、客観性のある指標で示されることが望ましいといえます。

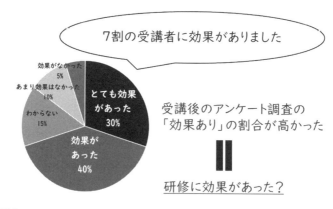

図Ⅳ-7B　受講後のアンケート調査の例

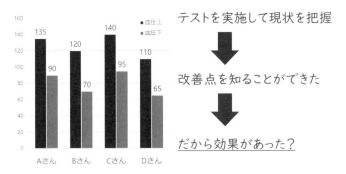

図Ⅳ-7C　実施前のデータ取得の例

　図Ⅳ-7C の図はどうでしょう。これは実施前、あるいは実施中の客観的な状況を把握してフィードバックするという方法です。例えば、身体の健康を目的としたプログラムであれば、このグラフのように、血圧を測定してその値を伝えるという方法が挙げられます。ほかにも数学の講座であれば、事前に数学のテストを実施して、点数等の数値で自分の実力を知ることが可能です。こういった方法は、自己の客観的な状況が分かるという点で、フィードバックすることに意義があるといえます。しかしこのフィードバックそのものが、効果の裏づけということにはなりません。自分の血圧を知れば、自動的に血圧が下がるということにはならないからです。では、どうしたらよいのでしょうか。

　体重を例にとって説明してみます。例えば、図Ⅳ-7D は「痩せるための筋トレメニュー」を行なって、効果があったかどうか調べるものです。そのためには、筋トレメニューを行なう前に体重を量ることが必要です。そして、筋トレメニューの終了後にも体重を量り、前後の比較が必要です。さらに可能であれば、少し期間をおいた後にも、体重を量ってみることが大切だといえます。

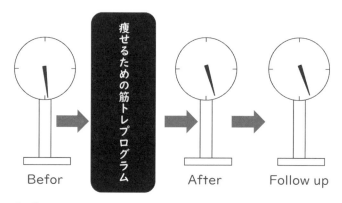

図IV-7D　プログラム前・後・事後で客観的な指標による測定をする例

（2）本書での研修プログラム効果測定の方法

　このような考えに基づいて、CCTも研修前、研修直後とフォローアップのための事後調査を実施して、参加者の客観的な変化の状況を確認することで研修効果を調べました（図IV-8）。

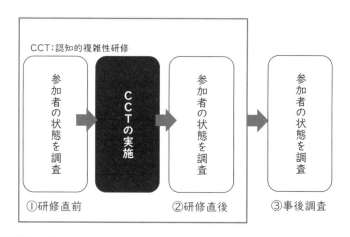

図IV-8　研修効果の検証のしくみ

図Ⅳ-8のように研修直前に参加者の状態を調査し（①）、その後に研修プログラムを実施します。また、その直後に参加者の状態を再度調査します（②）。さらに、一定期間経過後にも参加者に対して調査を実施します（③）。そして研修前と後、研修前と事後のデータを比較し、数値が改善されたかどうかを調べます。

　それぞれのタイミングにおける参加者の状態を把握するために、表Ⅳ-1の内容を調査しました。

表Ⅳ-1　参加者の状態調査

①研修前

- 平等主義的性役割態度スケール短縮版（SESRA-S）[註1]
- IAT（潜在的ステレオタイプ：男女×上司部下役割）[註2]
- 認知的複雑性[註3]
- ジェンダー・ハラスメント[註4]

②研修後

- IAT（潜在的ステレオタイプ：男女×上司部下役割）[註2]
- 認知的複雑性[註3]
- ジェンダー・ハラスメント[註4]

③事後

- ジェンダー・ハラスメント[註4]

註1）　使用された平等主義的性役割態度（鈴木、1994）は、男女の性役割への態度

が平等主義的であるほど得点が高くなります。

註2）　IAT（潜在的ステレオタイプ：男女×上司部下役割）は、潮村公弘（2015）の
ガイドラインに基づきKobayashi & Tanaka(2022)により作成されました。上司
の役割を男性、部下の役割を女性と結びつける無意識的な強さを示し、得点が高くな
るほどその結び付きが強いことを示します。得点が０に近いほど、性別と上司部下
という役割について中立的であるといえます。

註3）　認知的複雑性は、山本・岡（2016）に倣い、林（1976）に基づくRepテス
トを使用し、大橋・三輪・平林・長戸（1974）の形容詞により評定されました。得
点が高いほど認知的複雑性が高いことを示します。

註4）　ジェンダー・ハラスメントは、小林・田中（2010）の項目に対して、職場の
行為としてどれくらい不適切であると思うかを評定してもらいました。得点が高いほ
ど、ジェンダー・ハラスメント防止への理解が高いことを示します。

（3）ＣＣＴはジェンダー・ハラスメント抑止に効果があるか？

　CCT は現在ふたつの組織で実施され、一定程度の研修効果が確認されて
います。本書では、そのうちのひとつの組織で実施した CCT の前後の数値
を比較した結果を紹介します。図IV-9 のグラフ[7] は、その組織のデータを
元とした研修前後の認知的複雑性の平均値の比較です（Kobayashi & Tanaka、
2022）。

　このグラフが示すとおり、研修前後で認知的複雑性の数値が向上していま
す。試みに、参加者を平等主義的性役割態度の平均点で高い群、低い群に分
け、研修前と後の伸び具合を視覚的に比較してみました。グラフでは平等的
な人の方が、そうでない人よりも研修の効果が顕著に見えますが、統計的に
は違いはなく、性役割に平等的であるかどうかにかかわらず、等しく研修効
果が確認されました。

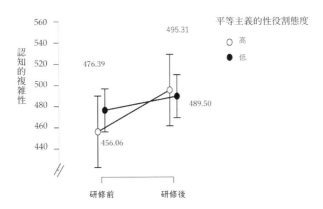

図Ⅳ-9　研修前後の認知的複雑性の平均値の比較

　図Ⅳ-10 のグラフ[8] では、研修前後で潜在的ステレオタイプ（男女と上司部下役割）の平均値が下がっています。「男性といえばリーダー」というようなステレオタイプ的判断が弱いということを示すので、数値が下がればよい傾向となるのです。しかし、参加者によって数値のバラつきが大きく、統計分析の結果からは、この研修が潜在的ステレオタイプを弱めたかどうかまでは検証されませんでした。研修によって潜在的ステレオタイプが弱まるかどうかは、今後さらに調査される必要があります。

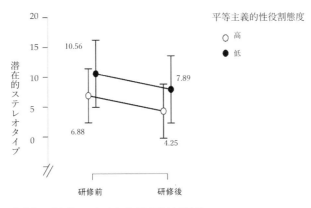

図Ⅳ-10　研修前後の潜在的ステレオタイプの平均値の比較

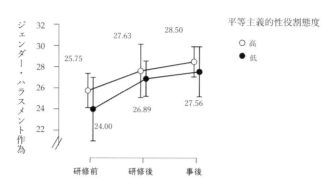

図Ⅳ-11　研修前・後、事後のジェンダー・ハラスメント作為の平均値の比較

　図Ⅳ-11のグラフ[9)]は、研修後と事後のジェンダー・ハラスメント作為の平均値が、研修前よりも高まっていることを示しています。参加者を平等主義的性役割態度の平均点で高い群、低い群に分け、研修前・後、事後の伸び具合を比較してみたところ、平等的でない人の方が平等的な人よりも伸び具合が大きく見えていますが統計的には違いがなく、性役割に平等的であるかどうかにかかわらず、研修効果が確認されました。

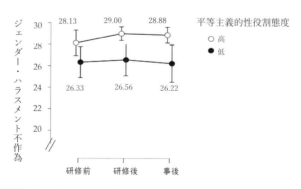

図Ⅳ-12　研修前・後、事後のジェンダー・ハラスメント不作為の比較

一方、ジェンダー・ハラスメント不作為（図Ⅳ-12）[10]においては、研修前・後、事後の値に変化がありませんでした。ジェンダー・ハラスメント不作為は、女性に対する否定的な分かりやすいハラスメントです。研修を実施した企業は人権教育が行き届いていたため、参加者の不作為に関する問題への理解度は研修前から十分に高く、「のびしろ」がなかったことが原因と考えられます。

　以上の結果から、CCTには参加者の認知的複雑性の数値を高め、ジェンダー・ハラスメント防止への理解を高める効果が期待できるといえます。そしてその効果[11]は、性役割に平等的でない人にも確認されました。

　CCTは、ジェンダー・ハラスメントを防止することを目的としていますが、戦略的に「ジェンダー」の概念を使わない、ジェンダー・ハラスメント防止を直接的に訴えない研修です。ひたすらに同僚への多元的な理解を促すことにより、認知的複雑性を醸成しようとするトレーニングです。この方法は、「ジェンダー」という語に抵抗を持つ人、ジェンダー平等に対し堅固に反対する人にも受け入れられやすく、研修効果も期待できるのです。このように、「ジェンダー」にまつわる差別を解消するために敢えて「ジェンダー」を使用せず、個人の認知的複雑性に着目する研修は、「ジェンダー」への抵抗感が根強い現在の日本の状況に鑑みると、実用性が高いといえます。著者は、この研修を新たなジェンダー平等実現の方略として提案します。

　ところで、CCTによって認知的複雑性が高まることが、なぜジェンダー・ハラスメント抑止につながるのでしょうか。これについては、図Ⅳ-13のようなメカニズムを予測しています。

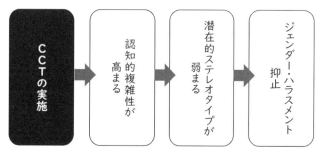

図Ⅳ-13　CCT効果のメカニズム予測

　そしてこの予測に迫る一つの測定結果を示します。

　図Ⅳ-14は、別の組織の研修参加者20名のデータを整理した結果です。CCTの実施によって数値が改善された参加者を効果「あり」、改善されなかった参加者を「なし」に整理し、件数と割合を記載しました。

　一番左のCCT実施を起点に、まずCC（認知的複雑性）に効果あり（＋：得点が上がった）、効果なし（−：上がらなかった）に二分しました。次に、IAT（潜在的ステレオタイプ）に効果あり（＋：得点が0に近づいた）、効果なし（−：0に近づかなかった）、最後にGH（ジェンダー・ハラスメント）に効果あり（＋：得

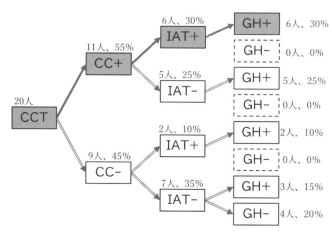

図Ⅳ-14　研修前後の改善の有無の人数と割合

点が上がった）、効果なし（−：上がらなかった）に仕分けし、最終的に参加者を8通りに分類しました。

　このように仕分けをしてみると、80％の参加者のジェンダー・ハラスメントに改善がみられます（GH+の合計）。因みに、ジェンダー・ハラスメント防止に効果がなかった参加者の中には、すべての得点がはじめから満点でこれ以上改善される余地がなかった人もいました。

　最も多かったのは一番上のパターンで、研修実施によってCCが高まり、IATが弱まり、ジェンダー・ハラスメントに効果があった人たちです。

　先ほどの図Ⅳ-13のCCT効果のメカニズム予測に当てはまっており、参加者の30％に相当します。有望な数字ではありますが、測定の回数や研修の参加人数を考えると、予測を裏付けるにはまだ十分な結果とはいえず、今後の研究課題とされなければなりません。

6. 認知的複雑性を高めるための研修（CCT）の汎用可能性

（1）「ジェンダー」を用いない「ジェンダー・ハラスメント防止研修」の汎用性

　このように、ジェンダーの説明をしない研修が女性へのジェンダー・ハラスメントの防止に効果があることが確認されましたが、これをほかの差別行為やハラスメント抑止に応用できないでしょうか。

　CCTが認知的複雑性を高め、それによってジェンダーにまつわるハラスメント行為を防止することができるとしたら、ほかの属性、例えば民族や人種、宗教、血液型、出身地、職業、学歴、身体的特徴などによる差別やハラスメントにも、同様に機能するのではないでしょうか。なぜならこれらの差別行為は、その人のひとつの属性にのみ注目してほかの様々な特徴にバラン

スよく目を向けず、総合的な人物評価を怠っている点において、共通しているからです。このように考えると、CCT は女性に対するジェンダー・ハラスメントだけでなく、ほかの様々なステレオタイプや偏見に基づいた差別行為やハラスメントをも抑止できるはずです。

また、この度の CCT 実施は、女性へのジェンダー・ハラスメント防止を目的としていましたが、実は、男性に対する「男らしさ要求」に変化があるかどうかについても調べていました。男らしさ要求（渡邊、2019）は、上司から「男なのだから頑張れ、と言われる」など、男性としての役割を期待される、男性が受けるジェンダー・ハラスメントに相当する行為といえます。そうした行為を行なうことについて、不適切と思う程度を研修前後、事後に尋ねました。

その結果、図Ⅳ-15 のとおり、女性に対するジェンダー・ハラスメント作為同様、研修前より研修後に理解度が上がり、一定期間経過後も維持されていました。

この結果から、認知的複雑性を高めることは女性へのジェンダー・ハラスメントを防止するだけでなく、男性へのジェンダー・ハラスメントにも効果

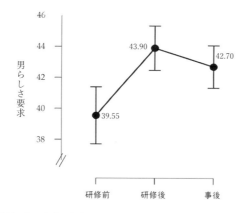

図Ⅳ-15　研修前・後、事後の男らしさ要求の平均値の比較

がある可能性が示されました。そして、さらにこの方法が、ほかの様々なステレオタイプや偏見に基づく行為の抑止にもつながるかどうか、検討することが期待されます。

（2）ステレオタイプは悪か？

　ところで、「女性は弱い」「男性は強い」などのステレオタイプは、人間の自然な心理機制に由来するものです。人間は絶えず外界から複雑な情報を大量に受け取っていますが、人間の処理能力には限界があります。このため、複雑な情報を単純化し、素早く簡潔に理解し判断しようとします。例えば夜道を歩いているときに、知らない人影が不意に現れたとします。このような場合には、危険があるかどうかを素早く予測し対応することが求められるでしょう。これに対して「女性は弱い」「男性は強い」というステレオタイプを使えば、瞬時に危険の大きさや性質を判断することができます。このように考えると、ステレオタイプ的判断は必要であり、人間は完全にはステレオタイプから逃れることはできない、ということになります。

　しかし、そのような判断を日常的な職場の場面に用いることは、弊害の方が大きいといえるでしょう。すべての男性が力仕事に優れているわけではありませんし、女性だからといって細やかな気配りに長けているとは限りません。性別によって一律に仕事を振り分けることで、能力ややる気のある人を特定の仕事や役割から締め出すことになります。それは社会にとって大きな損失です。日本人の多くが右利きという理由で、すべての日本人に左手を使わせず左利きの人にまで、右手だけを使用することを強要するようなものです。多くの人が階段や段差に困らないという理由から、こうした社会的障壁を改善せず、歩行困難な人に対して、職業や生活の範囲を狭めるという不利益をもたらすことも同様です。

　私たちを取り巻く社会は、高度に複雑化しています。一口に仕事といって

も様々です。その仕事を作業ごとにつぶさに見てみれば、もしかしたら、私たちが女性向き・男性向きと勝手に思い込んでいるだけで、男性でなければできないとされていた仕事の中にも、男性でなくても可能な作業が多く含まれているかもしれません。そして、従来から特定の性別向きとされている仕事に、その性別に当てはまらない人が参入したとき、それまで誰も気付かなかった新たな視点から業務改善や製品開発が行なわれ、企業に利益をもたらすかもしれません。

7. 多元的に物事を理解する力への新たな期待

　ジェンダー・ハラスメントの抑止について、これまでは行為者側の認知的複雑性の醸成に注目してきました。ここでは反対に、被害者にとって認知的複雑性の醸成はどのような意味を持つのかを考えてみたいと思います。ハラスメントを受けてしまったとき、それをどう受け止めるのかという視点です。
　著者は、認知的複雑性の醸成はジェンダー・ハラスメントを経験する女性にとっても、心の安寧を保つために極めて重要であると考えています。ジェンダー・ハラスメントを被ったとき、その経験を性差別と捉えることが必要です。しかし「理論編」で述べたように、多くの就業女性はジェンダー・ハラスメントを経験しても、それを不快であったとは言いたがりません。被害者であったと認めると、仲間であり味方であるはずの上司や同僚が性差別行為をしているという、一見矛盾する情報を抱え込むことになるからと考えられます。それを回避するため、相手の行為は性差別ではなかった、自分は被害者ではなかったと思い込もうとするのです。しかし、この方略は職場の性差別を放置することにつながりますし、不快であったという気持ちを抑え込むのですから、女性自身の心的負担は相当なものになると推測されます。このため、社会の矛盾や不合理をどう受け止め、それを自分の中でどううまく

処理できるかが、性差別を受けやすい女性には特に重要となると著者は考えます。推測の域を出ませんが、それを可能にするのが、物事を多元的に捉える力＝認知的複雑性ではないでしょうか。

　人間もそれを取り巻く社会も完璧な存在ではなく、よい面も悪い面も併せ持っています。認知的複雑性は、一見対立する情報を統合的にうまく処理し、総体として物事や人物を捉える力です。相手を手放しで称賛したり、反対にすべてを否定して排除したりすることなく、悪い行ないを悪いと認めつつも、よい面を評価して相手を包摂し、共存することを可能にします。これによって、相手の不適切な行為をアサーティブに（相手の人格や立場を尊重しつつ、自分の考えにも正直であるよう率直に）指摘し、ときには交渉したり妥協したりするなどして、うまく物事に対処できるようになるのではないでしょうか。女性の認知的複雑性の高さと、ジェンダー・ハラスメントの経験をどう捉えているかということとの関係については、今後の研究の展開が期待されます。

【注】

1）https://www.gender.go.jp/research/kenkyu/seibetsu_r03.html

2）内閣府男女共同参画局「無意識の思い込み（アンコンシャス・バイアス）- チェックシート -」https://www.gender.go.jp/research/kenkyu/pdf/seibetsu_r03/03.pdf（最終閲覧 2022 年 12 月 11 日）

3）日本労働組合総連合会「気づこう、アンコンシャス・バイアス〜真の多様性ある職場を〜」https://www.jtuc-rengo.or.jp/action/diversity/（最終閲覧 2022 年 12 月 11 日）

4）https://www.gender.go.jp/research/kenkyu/pdf/chiiki_sanko.pdf

5）人種・信条・性別等を理由に社会的弱者とされている集団への差別を積極的に是正する措置。

6）公的な組織や制度における構成比が実社会を反映するよう、人種・性別・宗教等に基づき人数を割り当てること。日本では「政治分野における男女共同参画の推進に関する法律」が 2018 年に施行されているが、候補者の数が男女で均等となることを目指しているに過ぎず、議席数を割り当てるものではない。

7）Kobayashi & Tanaka(2022) の図を元に日本語で作成。

8）Kobayashi & Tanaka(2022) の図を元に日本語で作成。

9）Kobayashi & Tanaka(2022) の図を元に日本語で作成。

10）Kobayashi & Tanaka(2022) の図を元に日本語で作成。

11）ただし、性役割に平等的な人と平等的でない人の効果が等しかったとは今回の調査では断定することはできません。性役割に平等的かどうかによって研修効果に違いが出るかどうかについては、今後、十分な数の参加者のデータによって検討を重ねる必要があります。

エピローグ

(1)「しないこと」をさせるのは難しい

　本書で紹介した研修（CCT）の構築は、偏見や差別をなくしていくために、「それは偏見です、差別です」「差別や偏見をやめましょう」というだけでは、対策として不十分であると考えたことに端を発しています。あることが偏見にあたるとか、差別であるということに気付かせることは、こういった問題解消の第一歩とされています。しかし、問題に気付けば意識や行動が変わるとは限りません。また、明示的にこういう行動をしないようにしましょうという教示は、かえってその行動を意識に浮かび上がらせてしまうものです。「しないこと」を強制的にさせるのは難しいのです。

　また、仮に具体的な行為を予め列挙することによって、やめさせることができたとしても、世の中のハラスメントに該当するすべての行為を前もって書き出すことは不可能です。本書で扱うジェンダー・ハラスメントは職場の行為を想定していますが、雇用形態の多様化や情報技術の進展により、職場の実態は変化しています。そのためハラスメントと見なすべき行為は次々に新しい形態を見せており、古典的なイメージでは捉えきれなくなっています。例えば、仕事上のメールのやり取りなどデジタル空間での嫌がらせは、昔では想定されなかった形態のハラスメントです。

　そこで、「差別行為をしないこと」を促すのではなく、「ほかの何かをすること」を促進することによって、結果的に差別行為を抑止することができないかという着想に至りました。

（2）物事を多元的に捉える力を養う

　ジェンダー・ハラスメントは、「男女」というふたつの性で人間を二分し、それに紐づけられた特性によって、他人の在り方を決めつけることです。その行為の元にあるのは、「男女」という単一の軸の上に多くの物事を振り分けて理解しようとすることです。反対に物事を理解する際の指標をなるべくたくさん持っていれば、ジェンダー・ハラスメントを抑止できると考えられます。それが物事を多元的に理解する力であり、認知的複雑性と呼ばれる能力です。

　認知的複雑性の高い人は、例えば「女性は感情的である」というステレオタイプを保持していたとしても、ある特定の女性を前にしたときに、その人のより多くの特徴や情報（聡明で、都会的で、早起きで、いつも探し物をしている、人によく道を聞かれている、サッカー観戦の好きな、音楽愛好家……）を捉えることができるので、その人が感情的であるに違いないという考えは浮かびにくくなるでしょう。また、認知的複雑性が高ければ、「感情的」とは対極にある「理性的」な女性を前にしたときにでも、「女性は感情的なはずだ」といった否定的な情報でその女性の理性的な側面を打ち消すことはありません。よって、「理性的な女性」というその人にとっては矛盾する情報でも共存させることができるはずです（Kobayashi & Tanaka、2022）。

　このように、物事を多元的に捉える力を醸成しようとすることによって、結果的にジェンダー・ハラスメントを抑止することが可能となるのです。つまり、ジェンダーにまつわる差別的な行為を防止するには、「ジェンダー」「男女」「性差別」「男女共同参画」などといった、今までジェンダー研修で使用されてきた言葉を必ずしも使用する必要はないということです。まだ研修実績は少ないですし、本書の「実践編」Ⅳ章で紹介されたプログラムは一時的な短時間の研修だったので、今後は継続的な研修設計により長期間での研修効果の確認ができるようなプログラムに発展させ、さらに様々な組織でこの

方法が実施されることを期待しています。ジェンダーという語に抵抗を持つ人が日本に多く、受けてほしい人が受けたがらないのがジェンダー研修であることが著者の研究課題でした。そのようなジェンダーという語を否定的に捉える人にも有用な、ジェンダー平等推進の戦略的な方法として、多くの組織で採用されることを願っています。

そして、ジェンダーという語を使用しなくてもそれにまつわるハラスメントが抑止されるのであれば、ジェンダー以外の偏見を原因とする行為の抑止へも広がりが期待できるのです。物事を多元的に捉えようとする力の醸成は、あらゆる差別行為を抑止するために重要だと著者は考えるのです。

さらに著者は、ありのままに対象を捉える認知的複雑性は、人間がステレオタイプ的な思考から逃れられないのと同じくらいに、私たちに備わった自然な能力であると考えます。その能力を培って自在に用いることは理に適っており、私たちの心を安定させ正常に保つための大切な営みと考えます。差別を行なう人に差別をやめるよう促す研修はあくまでも「対症療法」です。認知的複雑性を醸成することによって、人を極端な思考に陥ることから遠ざけ、差別をしないようにする「心の体質改善」こそが、差別を元から絶つ「根本療法」であると考えます。

（3）単一価値的・単純化社会の亢進

社会はグローバル化が進んでいます。物や人や情報が国や文化の垣根を越えて活発に行き来するようになりました。このような社会にあって私たちは、ますます地球上の多様な価値観や文化的背景を持つ人類のひとりであると意識することになります。しかしグローバル化が進んでも、世の中が多様性を受け入れる社会に向かっているのかというと、少し違うように見えます。現代は、ダイバーシティが亢進するどころか、逆に単一価値的で単純化された

社会に向かっているのではないかと心配になります。

　私自身、知らないことに出会ったとき、インターネットで気軽に検索してその概要を知ろうとすることが度々あります。一冊の小説を読み、一本の映画を観るのではなく、取り敢えずレビューを見て済ませてしまうこともあります。世の中では本の内容を要約した本が売れ、皆こぞって一番効率のよい方法を知りたがり、分かりやすい結論にすぐ飛びつく。そこに至るまでの過程を失敗しながら誰かと一緒に楽しむとか、曖昧なものを曖昧なままに留め置き、複雑なものに根気よく向き合うといった余裕がなくなってきたように感じています。世間には単純で強い刺激があふれており、何も考えずにボーっとする時間を楽しむためには、あれこれ考えて工夫やしかけをしなければならないような時代です（今や、それを難なくやってのける人は、ある意味特殊な才能の持ち主でしょう）。そのような在り様は、目指すべき多様で包摂的な社会に逆行しているように見えます。

　多様性のことをダイバーシティといいますが、性別、年齢、人種、学歴、宗教、障害などあらゆる属性の人々を包摂し、互いの違いを認めながら社会で共存していこうという動きが高まっています。著者は、ダイバーシティをそれぞれの集団の特性に着目した、集団間の問題と捉えるだけではなく、ひとりの人間の複雑で多元的な在り様もダイバーシティのもうひとつの側面として加えることを提案します。個人の持つ多元性に気付き、尊重していけることも多様性のひとつであり、その醸成こそが差別や偏見のない、包摂的な社会の実現につながると信じています。

（4）本書で書かれなかったジェンダー・ハラスメント

　ジェンダー・ハラスメントは職場だけの問題ではなく、学校や地域社会にも、相手の性別によって異なる対応を取る事例があふれています。私の地域

で実際に起こったことですが、ある母子家庭の母親がＰＴＡ役員の免除を申し出たところ、母子家庭は免除事由とならないとの理由で却下されました。一方で、同じひとり親家庭であっても、父子家庭の父親は「本人がいないから」と役員が免除されました。ＰＴＡに参加するのは会長でもない限り暗黙裡に母親の役割となっているため、おかしな話ですが「母親本人」が不在なのだから参加しようがないと、役員免除が決定したのです。ＰＴＡ活動に限らず多くの地域の活動には、このような根強い性別役割分業の意識が残っており、ジェンダー・ハラスメントの温床となっています。もっと様々な人々が様々な立場で参加できるしくみを作ることが、地域におけるジェンダー問題の解決の糸口になるかもしれません。

　また、ジェンダー・ハラスメントの被害者は女性だけとは限りません。男性の場合は、上司から「男なんだからしっかりしろ」などと男らしさや重責を担わされ、リーダー的存在になることを期待されがちです。これもジェンダー・ハラスメントにあたります。以前、ある男性看護師から、自分は経験年数が短いのに、職場でリーダーシップを求められることが多いと聞きました。特に女性が多い組織にいる男性は、自ずとリーダーシップを期待されることが多いでしょう。また、男女のカテゴリーに当てはまらない人もジェンダー・ハラスメントのターゲットとなりえます。本人の意思に反して男女のどちらかに紐づけられる役割を期待され、それに合致しない場合に周囲から奇異の目を向けられてしまい、大変生きづらい状況といえるでしょう。

　世間には、女性差別ではない性差別に対して「逆差別」という表現を用いる人もいますが、性差別に「逆」という概念はなく、差別は差別です。見た目の雰囲気や身体的特徴によってその人の在り方や役割を決めつけるのが性差別ですから、女性であっても男性であっても、どちらにも該当しない人であってもその対象となります。個々の意思や特性ではなく、男女というどちらかの属性のみで判断することが性差別でありジェンダー・ハラスメントです。そう考えると、女性差別を訴える女性に対して、「男だって差別されて

いるんだから我儘を言うな」というのは筋が通らないでしょう。もし男性差別を本当に問題視していて、解消したいと考えているのであれば、男女を含む性差別全体を解消しようとすればよいのです。

（5）ジェンダー・ハラスメントのない社会とは

　「高いところにあるものを男性に取ってもらうのは自然なことだ。だから、性別で役割を固定するのは仕方がない。つまりジェンダー・ハラスメントは仕方ない」といった主張をよく聞きます。

　この意見には一理あるように見えます。でも、考えてみてほしいのです。もし、その男性の身長が自分よりもずっと低く非力に見えたら、松葉杖をついていたら、車椅子に乗っていたら、腰を痛めていたら、その男性に力仕事を頼むでしょうか。結局、男性だから頼んだというよりも、その仕事に適していそうだと思ったから頼んだということではないでしょうか。もし、屈強な女性がいれば、その人に頼むかもしれませんし、自分でできるなら自分で行なうでしょう。その場にいる人の中で一番力が強そうに見え、且つ、それが事実であるなら、確率的に男性に頼むことが多くなったからといって、ジェンダー・ハラスメントになるとは限りません。しかし、腰を痛めている男性に、男性だからと力仕事を押しつけるのはジェンダー・ハラスメントに該当するでしょう。比喩的な表現ですが、女性の多くが23センチの靴を履くからという理由で、27センチの足の女性に23センチの靴を履かせようとするのは誰が聞いても馬鹿げていると思うでしょう。読者の皆さんは＃KuTooという運動をご存じでしょうか。靴（くつ）と苦痛（くつう）と＃MeTooをかけた造語です。日本には女性のマナーとしてヒールの高いパンプスの着用が求められることがあり、とりわけ就活生や営業職の新人はそれに従わざるをえない環境にいます。一方、ヒールのあるパンプスは脚をきれいに見せる

効果はあっても、長時間の歩行や立ち仕事に向かず危険です。後に深刻な健康被害をもたらすこともあります。俳優でアクティビストの石川優実さんは、男性の履くフラットな革靴を女性も選択できたらいいと SNS で呼びかけました。誰もが自分の足に合った靴を履ける社会が、ジェンダー・ハラスメントのない社会です。

　また最近、脳には性差（男性脳・女性脳）があり、そのため男女で考え方や得意分野が異なるという言説が見られます。これに対して疑問を呈している心理学者は少なくありません。仮に男女の脳に傾向の違いが認められたとしても、それを根拠に、個人差や後天的な影響を無視して人の生き方を制限するならば、その行為は科学の名の下に行なわれる厄介な性差別といえるでしょう。

　日本の職場では、女性の管理職比率は先進国の中でも極めて低い状況にあります。これに対し、「女性には女性の特性があるから、リーダーが少ないのは自然なことだ」という主張があります。しかし、ほかの国に比較してリーダーの女性比率が低い原因は、日本人の女性だけにリーダーの特性がないからでしょうか。これは理屈が通っているとはいえません。もし、本当に女性という性が遺伝的にリーダーに向かないとしたら、女性の管理職比率の高い国には統率力のない大量のリーダーが存在し、それによって多くの組織が機能不全に陥り、問題が頻発していることになります。

　女性を一律に重要な仕事から除外し、周縁的役割に押し留めることは大きな問題でしょう。人間は、植物が成長して花が咲き実をつけるように、おかれた環境で発達していきます。与えられた作業に熟達し、周囲と協力することを覚え、より広い視野を獲得して、経験を積めば、年下を指導する立場になることは自然なことなのです。職場でずっと同じような周縁的仕事に押し留められることは、人間の自然な発達を阻害します。職場で成長し変容することが期待されず、ずっと留め置かれることで、周囲にも様々な弊害が生じるのではないでしょうか。職場に長くいる事情通の女性が公式の職位を与え

られずに、事実上の権力を陰で握っているということがあります。それは組織にとって健全なことではありませんが、そうなった原因や責任はその女性ばかりにあるのではありません。経験を積んだ女性に力を注ぐべき次のステージを与えず、同じ場所、同じ地位に留め置いたことの弊害なのです。

　組織のリーダーとは、最初からなるべき人間が決まっているものではありません。あらゆる人が、あらゆる場面で周囲の求めに応じて他人をリードせざるをえない状況を経験し、結果としてリーダーに成長し変容していくのだと考えています。リーダーに限らず多くの役割にいえることですが、全く新しい役割を担うということは、大きな質的転換を求められる側面があると思います。全く経験のないことをしなければならない状況は、未知の自分を発掘してしまうかもしれず、多くの人は躊躇するでしょう。しかし、目の前に何かのチャンスが来たときに、自分には経験や知識が足りない、もっとふさわしい人がいるはずだといって尻込みしないでください。そうして隣の誰かにその役割をやすやすと渡してはなりません。自分が変わってしまうことを恐れずに、曖昧で予測の立たない世界に勇気を持って飛び込んでほしいと思います。これが本書を通して、著者が特に女性たちに最も伝えたかったことのひとつです。研修を実施する人事部門の方たちからも、是非積極的に伝えてほしいと願っています。

謝辞

本書の刊行には様々な方にご協力をいただきました。

まず、本書の企画を採用し、最後まで尽力してくださった編集者の山田亜紀子氏、現代書館の雨宮由李子氏に感謝を申し上げます。

執筆にあたっては、男女共同参画落語創作・口演家の阪本真一氏に創作落語の台本の提供とともに、本書全体の文章を確認していただきました。日本大学大学院の田中堅一郎教授からは、主に研究の経緯や結果の記述を中心に内容の確認やご助言をいただきました。

また、本書に掲載した研修プログラムの開発・普及に関しては、日本大学の外島裕名誉教授および労働政策研究・研修機構の内藤忍氏に、紙筆版IAT の紹介に関してはフェリス女学院大学の潮村公弘教授に、ご教示やご協力をいただきました。

記してここに感謝申し上げます。

研修に関するお問い合わせについて

本書で紹介した研修について実施のご希望、またはご関心のある方は、下記のアドレスまでお気軽にお問合せください。

Mail: toiawase.cct@gmail.com

引用文献

Andersson, L. M., & Pearson, C.M.（1999）. Tit for tat? The spiraling effect of incivility in the workplace. *Academy of Management Review,* 24, 452-471.

Banaji, M. R., & Greenwald, A.G.（2013）.Blindspot: Hidden Biases of Good People. New York,NY:Delacorte Press.（バナージ M.R. & グリーンワルド A.G. 北村英哉・小林知博（訳（2015）心の中のブラインド・スポット 北大路書房）

Bieri, J.（1955）. Cognitive complexity-simplicity and predictive behavior. *Journal of Abnormal and Social Psychology,* 51, 263–268.

Blair, I.V., Ma, J.E., & Lenton, A.P.（2001）. Imagining stereotypes away：The moderation of implicit stereotypes through mental imagery. *Journal of Personality and Social Psychology,* 81, 828-841.

Brown, J., Campbell, E.A., & Fife-Schaw, C.（1995）. Adverse impacts experienced by police officers following exposure to sex discrimination and sexual harassment. *Stress Medicine,* 11, 221-228.

Cortina, L.M., Magley, V.J., Williams, J.H., & Langhout, R.D.（2001）. Incivility in the workplace: Incidence and impact. *Journal of Occupational Health Psychology,* 6, 64-80.

Fitzgerald, L.F.（1990）. Sexual harassment: The definition and measurement of a construct. In M.A. Paludi（Ed.）, *Sexual harassment on college campuses: Abusing the ivory power*（pp. 25-47）. State University of New York Press.

Fitzgerald, L.F., Gelfand, M.J., & Drasgow, F.（1995）. Measuring sexual harassment: Theoretical and psychometric advances. *Basic and Applied Social Psychology,* 17, 425-445.

Gelfand, M.J., Fitzgerald, L.F., & Drasgow, F. (1995). The structure of sexual harassment: A confirmatory analysis across cultures and settings. *Journal of Vocational Behavior, 47,* 164-177.

Goldin, C., & Rouse, C.（2000）. Orchestrating Impartiality: The Impact of "Blind" Auditions on Female Musicians. *American Economic Review, 90,*715-741. DOI: 10.1257/aer.90.4.715

Greenwald, A. G., McGhee, D. E., & Schwartz, J. L. K.（1998）. Measuring individual differences in implicit cognition: The Implicit Association Test. *Journal of Personality and Social Psychology, 74,*1464-1480.

林　文俊（1976）. 対人認知構造における個人差 の測定（1）—認知的複雑性の測定についての予備的検討—　名古屋大學教育學部紀要（教育心理学科）, 23, 27–38.

Hulin, C.L., Fitzgerald, L.F., & Drasgow, F.（1996）. Organizational influences on sexual harassment. In M.S. Stockdale（Ed.）, *Sexual Harassment in the Workplace: Perspectives, Frontiers, and Response Strategies.* Vol.5, Woman and Work, London: Sage Publications, Inc. pp. 127-150.

角山　剛・松井賚夫・都築幸恵（2003）. セクシュアル・ハラスメントを生む組織風土 —統合過程モデルの検証—　産業・組織心理学研究, 17, 25-33.

金井篤子（1993）. 働く女性のキャリア・ストレスに関する研究　社会心理学研究, 8, 21-32.

金井篤子・佐野幸子・若林　満（1991）. 女性管理職のキャリア意識とストレス —インタビュー調査の結果から—　経営行動科学, 6, 49-59.

金井篤子・若林　満（1991）. 働く女性のキャリア意識とストレス—仕事環境の産業間格差について：製造 A 社とサービス業 B 社の比較から—　経営行動科学, 6, 107-111.

小林敦子（2009）. ジェンダー・ハラスメントが達成動機に及ぼす効果　—地方公務員の女性を対象として—　応用心理学研究, 34, 10-22.

小林敦子（2015）. ジェンダー・ハラスメントに関する心理学的研究—就業女性に期待する「女性らしさ」の弊害—　風間書房.

小林敦子・田中堅一郎（2010）. ジェンダー・ハラスメント測定尺度の作成 産業・

組織心理学研究, 24, 15-27.

小林敦子・田中堅一郎（2012）．ジェンダー・ハラスメントが就業女性の精神的健康状態に及ぼす影響　経営行動科学, 25, 185-199.

Kobayashi, A. & Tanaka, K.（2022）. Cognitive complexity training reduced gender harassment in a small Japanese company. *Japanese Psychological Research*. Advance online publication. https://doi.org/10.1111/jpr.12419

Lerner, M. J.（1980）. The belief in a just world: A fundamental delusion. New York: Plenum Press.

Lim, S., & Cortina, L.M.（2005）. Interpersonal mistreatment in the workplace: The interface and impact of general incivility and sexual harassment. *Journal of Applied Psychology,* 90, 483-496.

Magley, V.J., Hulin, C.L., Fitzgerald, L.F., & DeNardo, M.（1999）. Outcomes of self-labeling sexual harassment. *Journal of Applied Psychology,* 84, 390-402.

宗方比佐子（2001）．職場における暗黙のシナリオ　諸井克英・宗方比佐子・小口孝司・土肥伊都子・金野美奈子・安達智子（著）彷徨するワーキング・ウーマン　北樹出版　Pp. 73-90.

Munson, L.J., Miner, A.G., & Hulin, C.（2001）. Labeling sexual harassment in the military: An extension and replication. *Journal of Applied Psychology,* 86, 293-303.

中野麻美（2008）．パワーハラスメントと女性　―セクハラとパワハラの関係　有限会社フェミックス（編）女性とパワーハラスメント　―なぜ起きる，どう対処する　ＮＰＯ法人ウィメンズ・サポート・オフィス連　pp. 26-55.

大橋正夫・三輪弘道・平林　進・長戸啓子（1974）．写真による印象形成の研究（2）―印象評定のための尺度項目の選定―　名古屋大學教育學部紀要, 20, 93–102.

Parker, S.K., & Griffin, M.A.（2002）. What is so bad about a little name-calling? Negative consequences of gender harassment for overperformance demands and distress. *Journal of Occupational Health Psychology,* 7, 195-210.

Piotrkowski, C.S.,（1998）. Gender harassment, job satisfaction, and distress among employed white and minority women. *Journal of Occupational Health Psychology, 3*, 33-43.

　佐野幸子・宗方比佐子（1999）．職場のセクシュアル・ハラスメントに関する調査―女性就業者データから―　経営行動科学, 13, 99-111.

　潮村公弘（2015）．潜在連合テスト（IAT）の実施手続きとガイドライン―紙筆版IAT を用いた実習プログラム・マニュアル―　対人社会心理学研究, 15, 31-38. https://doi.org/10.18910/54428

　鈴木淳子（1994）．平等主義的性役割態度スケール短縮版（SESRA-S）の作成　心理学研究, 65, 34-41.

　田中堅一郎（1996）．セクシャル・ハラスメントに関する心理学的研究―文献的展望―　国際経済論集（常葉学園浜松大学）, 3, 149-160.

　田中堅一郎（2008）．セクシュアル・ハラスメント　青野篤子・赤澤淳子・松並知子（編）　ジェンダーの心理学ハンドブック　ナカニシヤ出版　pp. 269-288.

　角田由紀子（2002）．セクハラ裁判　井上輝子・上野千鶴子・江原由美子・大沢真理・加納実紀代（編）岩波女性学事典　第2刷　岩波書店　pp .296-300.

　渡邊寛（2019）．上司の男らしさ要求による男性の職場感情と精神的不健康への影響　心理学研究, 90,126-136.

　山本真菜・岡　隆（2016）．　ステレオタイプ抑制による逆説的効果の個人差：認知的複雑性との関係　社会心理学研究　31, 149–159.

付録

1. ジェンダー・ハラスメント測定尺度
2. 創作落語　じぇんだー・はらすめんと
3. 紙筆版 IAT「男女×上司部下役割」

ジェンダー・ハラスメント測定尺度

　あなたは、職場における次の1〜13の行為をどの程度適切（或いは不適切）に感じますか？　1〜5の番号のうち、一番近い番号に○をつけてください。

　　≪例≫　「かなり不適切だと思う」場合　→　　1・2・3・4・⑤

かなり適切だと思う	少し適切だと思う	特に何も思わない	少し不適切だと思う	かなり不適切だと思う
1	2	3	4	5

1	女性にお茶くみや雑用をする役割を期待する。……………	1・2・3・4・5
2	女性の仕事を評価するとき、女性の特性を強調する。……	1・2・3・4・5
3	女性に対し、職場の花としての役割を期待する。…………	1・2・3・4・5
4	男性と比べ、庶務的な細かい仕事を女性に割り当てる。…	1・2・3・4・5
5	女性がいると職場が和むと言う。…………………………	1・2・3・4・5
6	婚姻や出産や年齢により、「女の子」「おくさん」「おばさん」「おかあさん」などと女性の呼び方を変える。…………	1・2・3・4・5
7	女性に対して、何かと声を掛け、構う。…………………	1・2・3・4・5
8	重要な仕事や交渉事は女性には無理なので、女性には期待しない。……………………………………	1・2・3・4・5
9	女性はリーダーに向かないため、指導的役割を期待しない。…………………………………	1・2・3・4・5
10	女性が研修や仕事の機会が限られるのは、当然だと言う。…	1・2・3・4・5
11	同じくらいの年数・地位の男女がいたら、女性をより低く扱う。…………………………………	1・2・3・4・5
12	反論や批判をする女性を、女性だから感情的なのだと捉える。………………………	1・2・3・4・5
13	女性は、いざというときに当てにならないお荷物的存在と見られても、それは当然だと言う。……………………	1・2・3・4・5

創作落語　じぇんだー・はらすめんと

作　つるがしま落語会　阪本真一 ／ 監修　小林敦子

マクラ

　えー、昔っから子どもをしつけるときに、こんなことを言いませんでした？「自分がいやなことは、他人にもするな！」ってね。「自分がいやなことは、他人にもするな！」ビシッとそれだけ言やあいいんです。自分がやられていやだなあと思うこと、それさえやめておけば間違いが無い、他人様にいやな思いをさせる心配が無いというわけです。

　本当でしょうか？…そうですね。これはつまり、「自分がいやなことと、他人がいやなことは、必ずおんなじ」ということが前提になっております。その上に成り立っております。おんなじってェのは結構、楽で便利なことなんですね。何たって話が早い。

　ですから、もしも自分がいやなことと、他人がいやなことが違っていたらどうなるか。とりあえず、しつけのし方が変わってまいります。「自分がいやなことは…自分にはするな。他人がいやなことは…他人にはするな」…あたり前のことしか言ってない…何かありがた味がなくなってまいります。「だったら母ちゃん！　他人がいやなことって…何？」「他人様がいやなこと？　そんなもなァあたしにだってわかりゃしないよ。あたしにわかるのは、あたしがいやなこと。お前さんにわかるのは、お前さんがいやなこと。なんたっていやなことってえのは、一人一人で違うんだから。だからその…その人にね、「何がいやですか？」ってよくお聞きぃ」なんてどうもしつけが締まりません。締まりませんけれども、それが現実であったりします。

　それどころか、たとえ目の前で他人様が「いやだ」と言っていても、自分がおんなじことをやられてみないと、何がどういやなのか、どうしてそれがいやなのか、わからない場合もあるようでございまして…。

	1　ある日の会議

板野　ちょっと恭子ちゃん。…恭子ちゃんてばぁ。恭ー子ちゃん！

恭子　…（呼ばれているのにようやく気づく）はっ。な、何でしょうか、板野係長。

板野　ンもう！ 恭子ちゃんったらぁん。大事な会議だっていうのに、うわの空なんだか
　　　らぁ！ いったいどうしたの恭子ちゃん。ねえ、恭子ちゃあん！

恭子　あのぅ…その「恭子ちゃん」っていう呼び方について、考えてたんですけど。

板野　はあ⁉

恭子　佐藤さんや橋本くんは、「佐藤主任」「橋本主任」って呼ばれるのに、どうして私
　　　だけ「恭子ちゃん」って、下の名前にちゃん付けなんですかあ？ 私だって主任なのに。
　　　「小原主任」って呼ばれたことがありません。

板野　（あきれたように）ンもう恭子ちゃんなに言ってんのぉ。女の子だからじゃないの。男
　　　の子をさあ、「智ちゃん」とか「道ちゃん」なんて呼んだら、おかしいでしょう？ 恥ずか
　　　しいでしょう？ それにさあ、恭子ちゃんだって、下の名前にちゃん付けで呼ばれるうち
　　　が花だよぉ。そのうち結婚して子どもとかできちゃったらさあ、「お母さん」とか「おば
　　　さん」とか、言われちゃうんだから…ハッハッハ…あ、その前に会社辞めてるか。

恭子　辞めません！ 第一私、係長のお母さんになるんじゃないんですから、「お母さん」
　　　なんて呼ばないでください！

板野　何そんなに怒ってんのぉ。俺だったら恭子ちゃんに「お父さん」って呼ばれたって、
　　　別に平気だよぉ。

恭子　私はいやなんですっ！

板野　…あっ、そ。じゃ、冗談はこれくらいにして、話を元に戻すよ。えー、来月から始ま
　　　る企画会議のプレゼンは、私と、佐藤主任と、橋本主任の三人で、回すってことでいい
　　　かな？

恭子　ちょーっと待った！ ちょっと待ってください。さっき言いましたよね。私も主任なん
　　　ですけど！ どうして私だけ、プレゼンのローテーションに入らないんですか？ 私より二

年後輩の、橋本くんだって入るのに。もしかして、女だと、名前にちゃんを付けるだけじゃ
なくて、仕事にも差を付けるんですか?

板野　あっはっは…恭子ちゃんうまいねえ。「名前にちゃんを付けるだけじゃなくて、仕事
にも差を付けるんですか?」。「ちゃんを付ける」と「差を付ける」。「付ける」と「付ける」
が係ってるんだよね。それにさ、この「ちゃん」っていう言葉と、「差」っていう言葉も、
なんだかちょっと似てる感じだし! えっへっへっへ…(笑ってごまかそうとするが、相手
があきれているのに気がついて)…そりゃあね。そりゃあ恭子ちゃん…う、うん(咳ばら
い)、えー小原主任の言うとおり。確かに、会社に入った順で言えば、佐藤主任、小原
主任、橋本主任だ。ね。だけどもほら、年齢の順で言ったら、佐藤くん…小原くん…橋
本くんなんだなこれが…

恭子　係長何が言いたいんですか!?

板野　…あ、じゃあ主任になった順!

恭子　おんなじです。

板野　…星占いの順ってのは。

恭子　関係ないです。

板野　血液型!

恭子　関係ありません! 第一血液型ってどういう順番ですか!?

板野　…えー、つまりね、どうして恭子…どうして、小原主任が抜けるかっていうと、それ
はね…あれですよ。…適性っていうか、…適性…があるか無いか、…調べたわけじゃな
いか。だからその…経験っていうか、経験が無い…なら、経験させればいいか…って
いうかその…(ややキレて)だいたいさ、女の子なんだから、女の子らしい仕事をすれ
ばいいんじゃないの? だって俺は、男らしい仕事がしたいよお。

恭子　係長は「男らしい仕事」がしたいかもしれないけど、私は別に「女の子らしい仕事」
なんてしたくないです! 係長と私は違うんです。あなたとは違うんです!

板野　あーはっは…それそれ、この落語ォ作ったときに、流行ってたんだよね!「あなたと
は違うんです」っての。何だっけそれ。

恭子　何だっていいです。とにかく、女だからって仕事に差を付けるのは、良くないです。

それってもしかして、セク・ハラじゃないんですか?

板野　(意地悪そうに) あれれれれ…それはちょっと違うんじゃないかなあ?　だって俺、恭
　　　子ちゃんのこと、別に口説いてる訳じゃないよ。体にも触ってないし、エッチなことも言っ
　　　てない。セク・ハラっていうのはさぁ、セクシュアル・ハラスメントでしょ。てことはそのぉ
　　　…女性として興味があって…そういう目的ですることでしょ。だからこれはセク・ハラじゃ
　　　ない。だってどこも「セクシュアル」じゃないもの。はい、問題なし。あっ、もうお昼休
　　　みになっちゃった。さあ、昼飯、昼飯…(と言いながら席を立つ)

恭子　あっ、ちょっ、ちょっと係長…板野係長!

取り付く島もありません。

2　形勢逆転

　翌朝のことでございます。板野係長がいつものように出勤してまいりますと、会社の様
子が何かおかしいようです。

板野　(課長の席を指さして) ちょっと佐藤くん。何あれ。

佐藤　は?

板野　いやあれですよあれ!　なんで恭子ちゃんが、あんなとこに座ってんの?

佐藤　あんなとこっ…て言いますと?

板野　あんなとこでしょう!　課長の席ですよ課長のぉ。恭子ちゃんいつから課長になっ
　　　ちゃったのぉ。

佐藤　いつからって…もう、どれくらいになりますかねえ?　小原課長になって。

板野　小原課長って…あ、そうか!　恭子ちゃんのあだ名って、実は「カチョウ」っていうん
　　　だ。え?　俺が知らなかっただけで。そうなんだろ?

佐藤　…(心配そうに) か、係長何言ってんですか?

板野　…ちょっとマジかよぉ!　だってよお、ここの課長は昨日まで…昨日まで…あれ?　昨

日までここの課長って誰だっけ？…変だな…どーしても思い出せないぞぉ。思い出せ
ないもんだから…なんだか恭子ちゃんが、ホントウに課長に見えてきちゃったよう。（取
り乱して）うわあ、どうすりゃいいんだよ〜

　と、取り乱しておりますところへ、この、板野係長とは同期で入社をいたしました、隣の
課の三輪崎係長が通りかかります。

板野（三輪崎にすがりつくように）お、おい三輪崎、ちょっと待った！　おい三輪崎ぃ。いっ
　　　たいどうなってんだよよ。え？　お前ならわかるだろ？　広報だから。どうしてウチの恭子
　　　ちゃんが、いきなり課長になってんの？　もしかしてあれか？　素人を騙すテレビ番組の企
　　　画か？　それとも何かの罰ゲーム？（つい声が大きくなって）おい頼むよ教えてくれよお！

三輪崎　シーッ！…声が高い。ちょっと、給湯室へ来い。

板野　えっ？

三輪崎　いいから早く給湯室へ来い！　あそこなら、男しか来ない。

板野（思わず声が高くなって）はあっ!?

三輪崎　シーッ！

　てえんで、男二人で給湯室にまいります。

三輪崎　板野、お前はいつからだ。

板野　え…ええ、えっ？

三輪崎　こうなったのはいつからだって聞いてんだよ！

板野　あ…ああ。今日からだよ今日。今日から今日から！

三輪崎　やっぱりそうか…こっちも今日からオカシイんだよ。…新人の村田直美っているだ
　　　ろ？　あいつ今日から、課長補佐になってんだよ！「どういう訳だ!?」って俺が騒いでも、
　　　みんな知らん顔なんだよぉ！

板野　ホントかよお！

ってなわけで、あっちでもこっちでも、昨日までは部下だったはずの女性が、今日からは一転して上司になっている。どういうわけかはわかりませんが、これはどうやら悪い冗談ではなく、現実のようでございます。

恭子　あら？　板野係長、こんなところに、居たのぉ？　なあんちゃって！

板野　（小声で）恭子ちゃん！　ギャグまでオヤジになってる…

恭子　何をゴチャゴチャ言ってるの？　そうやっておしゃべりばっかりしてるから、仕事ミスるのよ！　まったく。ほーんと男って、頭使うことさせてもダメね。おしゃべりしちゃうから。やっぱり男性社員は、力仕事だけしていればいいのかしら！　あ、そうそう。来月から始まる企画会議のプレゼンだけど、板野さんは外して、女性だけで回すことにするわ。どうしてだと思う？　先が見えてるくせに、見栄だけで係長になっている男より、将来有望な女性の主任に、一回でも回したほうが会社のためってこと。わかるでしょ？

板野　あのう…この私（わたくし）が言うのも大変にアレなんですけどね。それっていうのはその…セク・ハラじゃないんですかねえ？

恭子　あらぁ？　何を言ってるのかしら？　だって私、あなたのこと別に口説いてる訳じゃないでしょ。体にも触ってないし、エッチなことも言っていない。セク・ハラっていうのはネ、性的な関心や欲求を…

板野　満たすための言動、ですよね…（小声で）昨日俺そう言ってたもんな…

恭子　あら、わかってるじゃない！　わかってるんならおしゃべりしないで、はい。仕事仕事！

板野　（独白）何だいこりゃ。まるで男と女が、入れ替わったみてえだ…

3　じぇんだー・はらすめんと？

　さあそれからというもの、板野係長には地獄のような毎日でございます。なにしろ、昨日まで部下の恭子ちゃん…いや、小原主任に好き勝手言っていたことが、今日からは丸っきり反対ンなって返ってくる。自分が言われるとこんなに嫌なものかと、今さら気がついて

も後の祭りでございます。どんなに嫌でも、今は向こうが上司。言い返すことができません。

唯一気が休まるのは、同期の三輪崎係長と、給湯室で情報交換をするときでございます
…

板野　おい三輪崎、こりゃあいったい、どういうことなんだい！

三輪崎　もしかしたら…

板野　もしかしたら⁉

三輪崎　…男女逆さまの世界。

板野　…えっ？　男女逆さまの世界⁉

三輪崎　そう、男女逆さまの世界。

板野　…ばかばかしいっ！

三輪崎　いいから聞けよ。俺って、霊感が強いの知ってるだろ？

板野　あ？…あーあー、残業してたら、亡くなったはずのお得意さんが、窓口に立ってるの
　　　を見たとか見なかったとか。昔よく言ってたなあ。

三輪崎　だから判るんだよ。これはきっと、霊魂が作った世界だよ。

板野　…ベーコンで作った世界？　何だかもたれそうな世界だな。

三輪崎　ベーコンじゃない！　霊魂‼（少し改まって）今まで俺たちは…

板野　今まで俺たちは？

三輪崎　今まで俺たちは、会社では何かってと言うと「男だからアレやれ」「女だからコレ
　　　やれ」って、部下の仕事を、ただ「男か女か」で決めてきただろ？

板野　ええっ⁉

三輪崎　反対にさ、「男に細かい仕事をさせるな」とか、「女に大事な仕事を任せるな」
　　　とか言って、みんなが本当にやりたいことを、させてこなかったんじゃないのか？

板野　そりゃあお前ぇ、そうしたほうが、えー…わかりやすいからじゃあねえか。ええ？
　　　男はこれ、女はこれって、端っから役割が決まってりゃあよお、お互い…暗黙の了解っ
　　　ていうか…簡単でいいんだよ。考えなくていい。頭使わなくって済むんだよお！

三輪崎　それがまずかったんだよ。本人の希望じゃなくて、ただ男か女かで仕事を決めて、

「あれをしろ」「これはだめ」って言うの。そういうの、「ジェンダー・ハラスメント」って言うんだ。

板野　…じぇ、じぇ、じぇ…じぇんだー…はらすめんと？

三輪崎　そう。どうにか言えたね、ジェンダー・ハラスメント。セク・ハラと同じように、人権侵害なんだよ。

板野　（つい大声になって）じんけんしんがい!?

三輪崎　シーッ！声が高い、いくら給湯室でも。俺たち二人のジェンダー・ハラスメントに苦しんだ人たちが、「やだなぁ」って思うたびに、その恨み辛みが重なって、一つの大きな霊魂となっていき、この男女逆さまの世界を作ったんだ。そして俺たちを、その世界に落としたのさ！

板野　俺たちを落とした!? 一つの大きなベーコンが!?

三輪崎　ベーコンじゃない！霊魂!! 霊魂が作った「男女逆さまの世界」！だからこれは、霊界の一種なんだよ！

板野　…マジかよ！（まだ信じられない様子で）じゃあその「男女逆さまの世界」から、俺たちが住んでた「男女逆さまでねえ世界」に戻るにゃあ、どうすりゃいいんだよ!?

三輪崎　おそらく…

板野　おそらくぅ？

三輪崎　…仕事に男女を持ち込まない。

板野　…仕事に男女を持ち込まない!?

三輪崎　そう、仕事に男女を持ち込まない。

板野　…冗談言っちゃいけねえよ。俺がいつ仕事に男女を持ち込んだ!? え!? 誰が好きだとか嫌えだとか、可愛いとか可愛くねえとか、ちょっと付き合ってもらいてえなーとか、もらいたくねえなーとか、そういうことで楽な仕事ぉ回したり回さなかったり、ひいきしたりしなかったり、俺はそういうのを一切やったことがないね。第一そういうのを、セク・ハラっていうんだろ？

三輪崎　そういうのを言ってるんじゃないよ。そういうのは、「仕事に男女の関係を持ち込まない」。俺が言ってるのは、「仕事に男女を持ち込まない」。

板野　じゃその、「仕事に男女を持ち込まない」ってえのは、どういうことなんでい？

三輪崎　今まで俺たちは…

板野　また「今まで俺たちは」？

三輪崎　今まで俺たちは、仕事中、言わなくてもいいところで、男、女って言ってたのさ。

板野　言わなくてもいいところで？

三輪崎　そう。訳もないのに男が女が。男がどうした、女がこうした。男だからなんちゃらかんちゃら、女だからどうちゃらこうちゃら…そういうのやめないと、ジェンダー・ハラスメントはなくならないんだ。だからこれからは、仕事中必要のないところで、絶対に男、女って言わないこと！　そうすれば俺たち、戻れるよ。元の世界に。きっと。

板野　（気が抜けたように）…へへっ…なんだい。おどかすなよ。簡単じゃねえか、んなもん。訳もねえのに男が女が…そうやって言わなきゃあいいんだろ？　てこたあよお、訳がありゃあいいんだよ。な。俺ぁ元々、訳があって言ってたんだから。必要があって言ってたんだよお。

三輪崎　本当かなあ…

板野　ホントだって。大丈夫だよお。訳もなく言うのだけ、やめりゃあいいんだろ？　必要のない時だけ、やめりゃあいいんだろ？　そんなんあたり前じゃねえか。で、どれだけの間やめてりゃあいいんだい？

三輪崎　そうだなあ…一年ってとこかなあ。

板野　一年！　一年たァ長いねぇ…ま、いいか。そうしなきゃあ元に戻れねえってんじゃ、しょうがねえや。いや別に難しいことじゃあねえんだからな。よし。（宣言するように、）俺は今日から一年間、仕事中必要のないところで、男、女という言葉を絶対に言いません。口にしませーん！

4　努力そして気づき

　というわけで板野係長サン。簡単なことだと、高を括っておりますが、果たしてこれからの一年間、どのように過ごしていくのでしょうか。要らぬところで男、女を言わないという掟を、

守り通せるのでしょうか…

恭子　板野さん、板野係長！

板野　はい何でしょうか恭子ちゃん…じゃなかった、小原課長。

恭子　総務課からパソコン一台運びたいんだけど、誰か一人、出してくれない？　やっぱり、
　　　男の人かな？

板野　そうですね。やっぱりここは男…おっとっと…さっそくお出でなすったよお。ここで
　　　男って言っちゃいけねえのかなあ…いや言ってもいいのかなあ…この場合力仕事だし、
　　　やっぱり男にしかできねえか…でも女には絶対できないかっていうと、それもどうだかな
　　　あ…

恭子　何をツベコベ言ってるの！

板野　ああ…わかりましたわかりました。とにかく、一人出します。

佐藤　係長。○○市役所（ご当地の地名・団体名にする）との契約に、誰か一人連れて
　　　行きたいんすけど。

板野　○○市役所？　あそこの担当、とんでもなく若いコが好きだからなあ。てこたあ、
　　　連れて行くとすりゃあ女の子だ。だけどウチの係、女の子いなくなっちゃったもんなあ。
　　　課長になっちゃったから。ほうれみろこういうとき女の子の一人や二人…ありゃりゃ？　ま
　　　たまた出てきたよお。この場合はどうなんだ。「女の子」ってわざわざ言わなくてもいい
　　　か？　でも相手は女好きだしなあ…うーん…

佐藤　係長、別に誰でもいいんすけど…

　とまあ、端っからこんな調子です。男、女が出てくるたびに、いちいち自問自答をしてい
てはらちがあかない、仕事にならないというわけで、さっそく、頼みの綱の三輪崎係長に、
給湯室にてご相談でございます。

板野　三輪崎よお。なんだか結構、仕事してると男とか女とか、出てくるもんだなあ。

三輪崎　出てくる？

板野　ああ、出てくる。

三輪崎　どうしても出てくる？

板野　ああ、どうしっても出てくる。

三輪崎　…お前ひょっとして、力仕事はやっぱり男、なんて言っちゃったんじゃないの？パソコンかなんか運ぶって言われて。

板野　どうしてパソコンまでわかるのぉ。

三輪崎　霊感だよ、霊感。それとかさ。どっかの市役所には女好きがいるから、女性社員を連れてけとか、言いそうになったんじゃないの⁉

板野　お前は見てたのか⁉ でもよお。それはその…男の性質、女の性質ってものを考えてのことなんだよ。パソコン運ぶんだろ？ 力仕事だ。男と女、どっちが力が強い？ 男だろ。

三輪崎　それは、男の平均と、女の平均を比べたら、ってことだろ。そんなもの比べてどうすんだよ！ 俺たちが相手にしてるのは、一人一人の社員じゃないか。一人一人の力を考えて、誰がやるのか決めればいいんだよ。初めっから男がやれ、女がやれって、言う必要ないだろ⁉

板野　じゃあ契約に…女の子ぉ連れてくのは？ 相手は女好きだよぉ。ね。この場合は女に決まってるだろう。「女」って言う必要が、ある！

三輪崎　（クイズ番組の不正解音のように）ブブー。それも違うんだよ。契約相手のご機嫌取るために、誰でもいいから女を連れてくっていうのは。契約をするのは男で、女は契約のための道具ってことだろ？ 男女で仕事を決めるどころか、女をモノ扱いしてるじゃないか。そんなんじゃいつまでたっても、恨みの霊魂は治らないよ。俺たち、元の世界に戻れないよ！

　元の世界に戻る道は、なかなか険しそうでございます。こうして、三輪崎係長に散々怒られながら、それでも三月四月と過ぎますうちに板野係長サン、どうしてどうして、滅多なことでは男、女とは言わなくなってまいりました。そればかりか…

板野　いやーあ、仕事をするのに男だぁ女だって…もぅここんとこほとんど言ってねえや。唯一男、女を言ったのは…ああ、あんときだな。「おーい、女子トイレにお客さんが忘れ物したんだって。誰か女の人、見にいってー」ってそんときだよ。…いや言わなきゃあ言わねえで済むもんだなあ。…あぁ?…ってこたあよお、今までほとんど言わなくてよかったってことじゃねえか。言わなくていいのに男だぁ女だあ…言わなくていいのに男はあれしろぉ、女はこれすんな…言われるほうはそのたびに、言われなくてもいいことで、窮屈な思いをしてたってわけかあ。いやすまねえことをしたなあ。

いろいろなことに気がついたようでございます。

5　本当の目覚め

どれだけの月日が経ったでしょうか。ある日の夕方、例によって男のたまり場・給湯室で、板野係長がみんなの湯呑み茶碗を洗っておりますと、三輪崎係長がいつになく、勢い込んでやってまいります。

三輪崎　おい板野。今日がどういう日だか、わかるか?
板野　(うつろな感じで)どういう日? ハハ…いつもどおりの冴えない一日だったよ。何をやっても女の課長にはバカにされ、仕事といったら女の手伝いばっかり。しかもやってみると結構大変なことなのによお、簡単な事だと思われるんだよ。どうしてか? 男の仕事だから。…ハッハッハ…最後はこうやって、おきまりのお茶碗洗いだよ。
三輪崎　…フッフッフ…ハッハッハ…(さらに高笑い) ハッハッハッ…
板野　どうしたんだ? 三輪崎。
三輪崎　板野、俺たちのそういう情けなーい毎日も、今日でとうとう、終わりだ。
板野　へ?
三輪崎　…一年経ったんだよ、一年。…俺たちが仕事中、要らないところで男、女って言わなくなってから、今日でとうとう、一年が経つんだよ!

板野　（まだ少しぼーっとして）へえー…一年かあ…長かったなあ。まあ落語だと、五分ぐ
　　　らいになってんだろうなあ…（急に気がついて）てことたあナニか！　え？　今日が終われば、
　　　その…あと三〇分、何も無ければ、俺たちゃ元の世界に、戻れるってわけか！

三輪崎　そのとおり！　あと三〇分、余計なところで男、女って言わなければ…（しみじみと）
　　　帰れるよ、元の世界へ。

板野　そうか…よかった…（涙ぐんで）…よかったなあ三輪崎。一年間、辛抱した甲斐があっ
　　　たなあ。

感慨に浸りながら、自分の席に戻ってまいりますと…

佐藤　係長。

板野　（まだ少し涙声で）何だい佐藤くん。

佐藤　明日、課長が本社に行くんすけど、お供に係長ォ、お願いしたいって、課長に伝言
　　　頼まれちゃっ…て　係長？

板野　（必死に笑いをこらえている）フッフッフ…小原課長のお供お？…ハッハッハ…（さら
　　　に高笑い）ハッハッハッ…

佐藤　どうしたんすか？　係長。

板野　佐藤くん、それ明日だろ。明日の私に、もうその仕事はあり得ない！　明日の私はね、
　　　今日までの情けなーい私とは違うんだ！（笑いをこらえながら）もう終わるんだよ、あと
　　　何分かで。一年の苦労が実るんだ。ハッハッハッハ…あ、佐藤くんには何のことだかさっ
　　　ぱりわからないよね。んー、何て言って説明すりゃあいいのかなー…明日っからはそのぉ、
　　　本当に男らしい…

佐藤　えっ？「男らしい」ですか？

板野　そっ、おと…ちょっと待った！　今のは無し！　無しにしてね。そうでないと、元の世
　　　界に戻れない！…今までの苦労が水の泡になるんだよお！　だからお願い、今のは無し。
　　　ノー・カウント！　ね、お願い。お願いだからさー（涙声になって）…また一年なんて絶
　　　対に無理だよお…だからお願い。無しにして！　ね！　無しにしてよー…お願いだよおぉー

…お願いー、お願いー、お願いー…（突っ伏してしまう）

恭子　係長、板野係長！（肩をたたきながら、）お昼休み、終わりましたよ。係長、起きてください！　いい加減に、目覚めてください。　　　（完）

> カネも仕事も　最初は同じ
>
> 　　　　　　偉くなるのは　男だけ

※　この落語を演じてみたい方、演じてほしい方は著者までご一報下さい。

紙筆版IAT「男女×上司部下役割」
（Kobayashi & Tanaka、2022）

紙筆版IATは、潜在的ステレオタイプを紙と鉛筆で測定する方法です。ここで紹介するIATは、男女と上司部下の役割に関する潜在的ステレオタイプを測定するために、潮村（2015）のマニュアルに基づいて作成されました。実際に紙筆版IATを実施する場合は、実施者が十分な説明をし、事前に練習試行を行ないますが、ここでは潜在的ステレオタイプがどのようなものかを実感していただく目的なので、簡単な手順の紹介とさせていただきます。詳しく知りたい方は引用文献の資料をご参照ください。

《用意するもの》
・鉛筆
・タイマーなど、時間を計測できるもの

次ページから始まる①から④のシートの中央に置かれた単語を、一枚につき20秒内にできるだけ速く正確に左右に分類してください（20秒経ったら、全部終わっていなくても作業をやめてください）。

潜在的ステレオタイプは、①と③（ステレオタイプに一致する作業）の正答数の合計（A）と②と④（ステレオタイプに一致しない作業）の正答数（B）の合計の差が大きいほど、強いことになります。A＞Bであれば男性と「組織の重要な役割」・女性と「部下の行う簡単な仕事」という潜在的な結びつきがあり、A＜Bであれば女性と「組織の重要な役割」・男性と「部下の行う簡単な仕事」という潜在的な結びつきがあることになります。

このような作業を行なうことにより、就業者に対して無意識に持っているステレオタイプの強さを可視化することができます。

関連するIAT課題として、「ジェンダー－科学IAT」、「ジェンダー－キャリアIAT」等のIAT課題が、潮村公弘氏が開発・管理をされている「Explore. Implicitサイト」https://www.exploreimplicit.com/ で実施できます。

---

① 20秒

男性 上司		女性 部下
	指導育成	
	お姉さん	
	服従	
	たかし	
	監督	
	お父さん	
	雑用係	
	人的管理	
	お兄さん	
	指導育成	
	いちろう	
	てつや	
	お茶入れ接待	
	決定権者	
	じゅんこ	
	窓口担当	
	ようこ	
	命令	
	くみこ	
	決定権者	
	お母さん	
	雑用係	
	お母さん	
	服従	
	お父さん	
	コピー取り	
	たかし	

② 20秒

男性		女性
部下		上司
	ようこ	
	人的管理	
	てつや	
	監督	
	お兄さん	
	決定権者	
	お姉さん	
	服従	
	ようこ	
	指導育成	
	監督	
	いちろう	
	命令	
	お姉さん	
	いちろう	
	窓口担当	
	服従	
	お母さん	
	コピー取り	
	お父さん	
	雑用係	
	くみこ	
	お茶入れ接待	
	じゅんこ	
	窓口担当	
	たかし	
	命令	

③ 20秒

女性 部下		命令	男性 上司
		命令	
		お母さん	
		監督	
		いちろう	
		窓口担当	
		くみこ	
		雑用係	
		お姉さん	
		指導育成	
		じゅんこ	
		お茶入れ接待	
		たかし	
		命令	
		ようこ	
		雑用係	
		お父さん	
		お母さん	
		決定権者	
		コピー取り	
		お兄さん	
		お茶入れ接待	
		お父さん	
		服従	
		決定権者	
		てつや	
		人的管理	
		じゅんこ	

④　20 秒

女性 上司		男性 部下
	窓口担当	
	お姉さん	
	いちろう	
	お茶入れ接待	
	くみこ	
	雑用係	
	お父さん	
	コピー取り	
	指導育成	
	じゅんこ	
	命令	
	お母さん	
	監督	
	ようこ	
	雑用係	
	決定権者	
	お母さん	
	てつや	
	お茶入れ接待	
	じゅんこ	
	コピー取り	
	服従	
	お父さん	
	命令	
	たかし	
	人的管理	
	お兄さん	

❖小林　敦子（こばやし・あつこ）

ジェンダー・ハラスメント研究家。博士（総合社会文化）。元地方公務員。
女性の就労環境や心理学の研究手法に関心を持ち、働きながら大学院（日本大学大学院総合社会情報研究科）に入学し、当時ほぼ未開の分野だった就業女性へのジェンダー・ハラスメントに関する実証的な研究を開始する。2011年に博士号取得。
主な著書は『ジェンダー・ハラスメントに関する心理学的研究—就業女性に期待する「女性らしさ」の弊害—』風間書房、2015年。
現在はあらゆる偏見や差別解消に向けたトレーニング・プログラムの開発および教育機関や自治体等での講演活動を行なっている。

職場で使えるジェンダー・ハラスメント対策ブック
——アンコンシャス・バイアスに斬り込む戦略的研修プログラム

2023年6月2日　第1版第1刷発行

著　者	小　林　敦　子	
発行者	菊　地　泰　博	
組　版	プロ・アート	
印刷所	平　河　工　業　社	（本文）
	東　光　印　刷　所	（カバー）
製本所	鶴　亀　製　本	
装　幀	北　田　雄　一　郎	

発行所　株式会社　現代書館　〒102-0072　東京都千代田区飯田橋3-2-5
電話 03（3221）1321　FAX03（3262）5906
振替 00120-3-83725　http://www.gendaishokan.co.jp/

校正協力・高梨　恵一
© 2023 Kobayashi Atsuko ISBN978-4-7684-5939-3

活字で利用できない方のための
テキストデータ請求券
『職場で使えるジェンダー・ハラスメント対策ブック』

＃KuToo
靴から考える本気のフェミニズム

石川優実　著　　　　　　　　　　　　　1300 円＋税

靴＋苦痛＋#MeToo＝#KuToo！
「私はいつか女性が仕事でヒールやパンプスを履かなきゃい
けないという風習をなくしたいと思ってるの。
なんで足怪我しながら仕事しなきゃいけないんだろう、男の
人はぺたんこぐつなのに。」

愚痴ツイートが世界の注目を集める署名キャンペーンに発
展！
職場のパンプス・ヒール強制に NO ！
ミソジニークソリプに NO ！
映画界での性被害を告白し、フェミニズムに目ざめ、世界が
注目するアクティビストとなった俳優・石川優実が痛みと怒
りをぶちまける。

本書の著者、小林敦子との対談も収録！

RESPECT
男の子が知っておきたいセックスのすべて

インティ・シャベス・ペレス　著
みっつん　訳
重見大介　医療監修　　　　　　　　　　1800 円＋税

正直に、恥ずかしがらないで！
#MeToo 時代の性教育は同意がキホン。
2018 年にレイプ罪が法改正されたスウェーデンから届いた、
自由で安全な性教育。
ティーンから大人まで、
包括的性教育を受けられなかったすべての人におすすめ！
16 カ国語で翻訳刊行された話題の書。
ひとりでも、カップルでも、親子でも……さまざまなシチュ
エーションに役立つ、まったくあたらしい性教育ガイドブッ
クです。
性の悩みは、もっと楽しく、もっと気軽に解決できるはず！

雑誌感覚で読めるフェミニズム入門ブック

シモーヌ　Les Simones

シモーヌ編集部 編

VOL.1
特集　シモーヌ・ド・ボーヴォワール「女であること」：70 年後の《第二の性》
1300 円＋税

フェミニズムの古典『第二の性』で「女であること」を問うたボーヴォワール。彼女が現代に残した課題を哲学、文学、女性運動など、様々な視点で問い直す。

VOL.2
特集　メアリー・カサット：女性であり、画家であること
1300 円＋税

女性が画家になることが困難だった時代に活躍した印象派画家カサットの軌跡をたどることは、今日のアクチュアルな女性問題を考えることにつながっている。

VOL.3
特集　オランプ・ドゥ・グージュ：18 世紀の女による「異議申し立て」を引き受ける
1300 円＋税

仏革命期に女性が社会から排除されている事実を告発した劇作家の思想と軌跡をたどる。『女性の諸権利』（1791 年）の全訳も掲載！

VOL.4
特集　アニエス・ヴァルダ：記録する女
1400 円＋税

フランスを代表する映画作家として、生涯現役で数多くの作品を撮り続けたヴァルダ（1928-2019）独自のフェミニスト美学を読み解く。

VOL.5
特集　「私」と日記：生の記録を読む
1300 円＋税

コロナ禍におけるトリアージ、性暴力、社会保障費の削減、ジェンダー格差……生と向き合わなければいけない時代、小さき存在を想像するために、市民権を獲得していない／いなかった生の記録をていねいに読む。

VOL.6
特集　インターネットとフェミニズム：私たちの空間を守る
1500 円＋税

インターネットは第 4 波フェミニズムに大きな役割を果たしたが、一方でヘイトやハラスメントが増殖。社会的弱者がこれからのデジタル空間をどう生き抜くか、包括的に考える。

VOL.7
特集　生と性　共存するフェミニズム
1500 円＋税

「LGBT は生物学上、種の保存に背く」「幸せそうな女性を殺したかった」「ホームレスが邪魔だった」。旧優生保護法が改正されても、今なお残る命の選別。 性と生殖に関する歴史を振り返り、ともに生きるフェミニズムを考える。